U0515369

教育部人文社科研究项目"公职人员养老保障制度改革的经济效应
——基于世代交叠模型的一般均衡研究"（项目号：13YJCZH141）

乔 杨◎著

公职人员养老保险制度改革：
经济效应及精算评价

The Reform of the Civil Service Pension Scheme in China:
Economic Effects and Actuarial Valuation

中国财经出版传媒集团

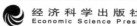

经济科学出版社
Economic Science Press

图书在版编目（CIP）数据

公职人员养老保险制度改革：经济效应及精算评价 /
乔杨著 . -- 北京：经济科学出版社，2022.8
ISBN 978 - 7 - 5218 - 3959 - 3

Ⅰ.①公…　Ⅱ.①乔…　Ⅲ.①公务员制度 - 养老保险
制度 - 保险改革 - 研究 - 中国　Ⅳ.①D630.3

中国版本图书馆 CIP 数据核字（2022）第 156351 号

责任编辑：杜　鹏　胡真子　郭　威　常家凤
责任校对：王京宁
责任印制：邱　天

公职人员养老保险制度改革：经济效应及精算评价
乔　杨/著
经济科学出版社出版、发行　新华书店经销
社址：北京市海淀区阜成路甲 28 号　邮编：100142
编辑部电话：010 - 88191441　发行部电话：010 - 88191522
网址：www. esp. com. cn
电子邮箱：esp_bj@ 163. com
天猫网店：经济科学出版社旗舰店
网址：http：// jjkxcbs. tmall. com
固安华明印业有限公司印装
710 × 1000　16 开　12.5 印张　210000 字
2022 年 8 月第 1 版　2022 年 8 月第 1 次印刷
ISBN 978 - 7 - 5218 - 3959 - 3　定价：68.00 元
（图书出现印装问题，本社负责调换。电话：010 - 88191510）
（版权所有　侵权必究　打击盗版　举报热线：010 - 88191661
QQ：2242791300　营销中心电话：010 - 88191537
电子邮箱：dbts@ esp. com. cn）

前　言

为适应经济体制由计划经济向市场经济变革，我国于 20 世纪 90 年代正式启动了养老保障制度由国家—单位保障到社会化保障的改革，确立了国家、单位和个人共担的养老保障责任分担机制，以及与之相对应的多层次养老保障体系的建设框架。在改革之初，城镇企业职工养老保险制度面临最为迫切的改革需要，我国养老保险制度改革也是从企业职工这一参保群体率先开始的：20 世纪 80 年代一些地区开始进行企业养老保险"社会统筹"试点探索；1991 年国务院发布《关于企业职工养老保险制度改革的决定》，宣布在全国范围内实行企业养老保险社会统筹；1993 年党的十四届三中全会通过《关于建立社会主义市场经济体制若干问题的决定》，明确提出建立"社会统筹与个人账户结合"的城镇企业职工基本养老保险制度；1997 年国务院发布《关于建立统一的企业职工基本养老保险制度的决定》，对制度内容做出具体规定；2005 年国务院发布《关于完善企业职工基本养老保险制度的决定》，对制度做了进一步的补充和完善。可以说，在改革的前半程，城镇企业职工基本养老保险制度是绝对的主角，而这也是适应我国经济体制改革和养老保障体系建设需要的。

随着改革的深化，城镇企业职工基本养老保险制度在制度模式、经办管理体制、资金筹集管理、基金监管等方面都已形成基本框架，并取得了较好的改革效果。但是，"结构性"矛盾开始凸显：在制度上，"碎片化"问题严重，二、三支柱发展滞后；在养老权益上，不同群体间的公平性有待提升甚至受到质疑。与之相应，我国养老保障制度改革后半程的战略重点从"纵向深化"转向"制度整合"。由改革路径选择等原因造成的养老保障制度"碎片化"现象逐步得到矫正，制度体系逐步整合，统一化程度得以提高。

　　在城镇职工内部，机关事业单位工作人员与企业职工的养老保险"双轨制"是制度"碎片化"及改革进程失衡的一个具体表现。机关事业单位没有与企业进行同步的养老保险制度改革，而是一直保留着起源于计划经济时期的国家—单位负责的退休金制度。制度割裂和日渐扩大的养老金待遇差距使得机关事业单位养老保险制度引起了广泛争议，改革呼声越来越高。2008年国务院印发《事业单位工作人员养老保险制度改革试点方案》，在山西、上海、浙江、广东、重庆五地进行试点改革。但由于种种原因，改革进展缓慢，没有取得实质性的改革效果。社会各界对养老保险"双轨制"问题的关注和质疑逐渐达到高峰，强烈呼吁进行全局性的统一改革。2015年，国务院先后发布《关于机关事业单位工作人员养老保险制度改革的决定》和《机关事业单位职业年金办法》，宣布在全国范围内实行机关事业单位养老保险制度改革，建立与企业职工一致的多层次养老保障体系。在基本养老保险层次，实行与企业一致的"统账结合"制度，在补充养老保险层次，建立职业年金制度。改革实现了城镇职工基本养老保险制度的统一，终结了长期受到诟病的"双轨制"。

　　"并轨"改革的实施，是我国养老保障体系由"碎片化"走向统一的重要环节，是全面深化改革的重要内容。那么，改革以来具体的执行效果如何？各地在推进改革过程中取得了哪些成效？面临哪些问题？改革对我国经济发展和居民福利将带来怎样的影响？改革后制度的财务状况如何？养老待遇水平将如何变化？以上问题对进一步推进机关事业单位养老保险制度改革及完善养老保障体系具有重要意义，值得深入探究。本书正是对以上问题进行研究并尝试做出回答。

　　围绕公职人员养老保险制度改革这一主题，在回顾我国制度发展历程、总结改革方案和具体进展、整理世界范围内制度及改革状况的基础上，本书选择以改革的"经济效应"和"精算评价"为切入点展开研究。前者基于世代交叠模型一般均衡分析，从宏观方面分析改革方式的选择对宏观经济变量造成的影响；后者基于精算模型，从中观和微观角度评估制度的财务可持续性及参保者的待遇水平变化。

　　在研究的逻辑顺序上，全书按照历史回顾与改革进展—国际比较—经济效应分析—精算评价的脉络展开。第 2 章从研究主题和研究范式两个维度进行文献回顾。第 3 章探讨公职人员及其养老保险制度的界定、特殊性等基本问题。第 4 章回顾我国公职人员养老保险制度的历史沿革，总结改革进程。第 5 章广泛总结世界范围公职人员养老保险制度的特征和改革趋势，探讨国际经验对我国的借鉴。第 6 章建立包含两部门雇员的世代交叠一般均衡模型，通过政策实验和数值模拟检验公职人员养老保险制度改革的经济效应和福利效应。第 7 章基于精算方法预测评估制度的未来收支，从而分析制度的财务可持续性，对参保人员的未来待遇水平进行预测，并分析比较改革前后的待遇变化，以及与企业职工养老待遇差距的变化。第 8 章进行总结。

　　本书是教育部人文社科基金资助项目"公职人员养老保障制度改革的经济效应——基于世代交叠模型的一般均衡研究"的最终成果。研究过程经历了机关事业单位养老保险制度改革方案的出台，研究内容也多次修改，历经数年，终于结稿成书。在研究和完成书稿的过程中，许多人给予了我无私的指导和关怀，我也得到了来自多方面的帮助。首先，要感谢我的博士生导师王晓军教授，感谢她引领我踏上养老保险精算研究之路。本书的核心内容是以博士就读时期的研究工作为基础的，正是王老师的无私指引和无条件的信任支持着我顺利完成学业，并为后续的研究工作打下了基础。王晓军教授在工作、生活等各个方面都是我的榜样，也给予我持续的关怀和支持。"不能辜负老师的期许"永远是我继续前行的动力。其次，要感谢北京工商大学风险管理与保险学系的我的可敬可亲的同事们。我们的创始系主任王绪瑾教授对我有知遇之恩，时常"耳提面命"督促我进步，对研究工作和书稿的完成也十分关心。还要感谢宁威、徐徐、吉彩红、宋占军、王雯、杨建海、董捷等老师，他们在研究过程中给了我很多帮助和支持。感谢我的硕士研究生高睿、张浩、周尧尧、张海丽、邓亚男、乔梦等，他们参与了课题研究，书稿的完成也包含了他们的贡献。最后，本书的出版得到了经济科学出版社的大力帮助，在此表示衷心感谢！

乔　杨

2022 年 7 月于北京

目　　录

第1章 导 论

1.1 研究背景

1.1.1 养老保障改革：从"纵向深化"到"横向整合"

作为一项重大的经济、社会政策，养老保障制度的变迁与整体经济及社会发展相互交织，其改革是经济社会结构转型、价值理念不断转换的结果。自中华人民共和国成立以来，我国经济环境及社会结构发生着翻天覆地的变化，并且变化的速度、持续性及复杂性在世界范围内都是突出而显著的。经济社会结构的变迁以及与之相辅相成的价值理念的变化，对养老保障制度变迁形成了极强的推力。在计划经济向市场经济变革的过程中，经济制度从公有制为主转变成多种所有制共同发展，分配制度从按劳分配到多要素按贡献参与分配，劳动力市场由封闭走向开放。顺应这一经济变迁过程，我国在20世纪八九十年代开展了养老保障制度的根本性变革，针对城镇企业建立了统筹账户与个人账户相结合、单位和个人共担缴费的现代养老保险制度。城镇企业职工基本养老保险制度改革经历了不断深化、完善的过程。国务院先后于1991年发布《关于企业职工养老保险制度改革的决定》、1995年发布《关于深化企业职工养老保险制度改革的通知》、1997年发布《关于建立统一的企业职工基本养老保险制度的决定》、2005年发布《关于完善企业职工基本养老保险制度的决定》，体现了我国养老保障制度改革"纵向深化"的过程。

然而，与"纵向深化"相对应的是，我国养老保障制度的"横向"不均衡性问题日益突出。从制度变迁的时空关系来说，"纵向"是时间维度，"横向"是空间维度。"横向"又具体表现在两个方面：一是养老保障体系的各个构成部分，即各层次；二是社会成员的不同群体。在体系层次上，我国在20世纪90年代就确立了"三支柱"养老保障体系的改革方向，但改革过程中作为第一支柱的基本养老保险制度先行建立并不断完善，而第二层次和第三层次的建设则相对滞后，造成三层次养老保障体系的结构失衡问题。在人员群体上，配合经济体制变革的急迫需求，城镇企业职工基本养老保险制度先行建立，并不断深化完善，而其他群体的养老保险制度建设则相对滞后，体现为养老保障制度的"碎片化"和社会成员养老权益的不公平性。针对养老保障制度覆盖不均的情况，我国采取了对不同群体建立新制度的"补缺"方式。21世纪初期，针对农民、城市居民、失地农民等特殊群体，分别建立了相应的养老保险制度。这一时期多种养老保险制度并存，主要形成了城镇企业职工养老保险、机关事业单位工作人员养老保险、农村居民养老保险、城镇居民养老保险四种主要模式。不同就业身份的养老保障差别拉大，相互之间泾渭分明，并逐步固化。这一时期中国养老保障的发展陷入"钱穆制度陷阱"[①]，即不断用设立新制度的办法来修补上一个制度的漏洞，由此出现制度的烦琐化和"碎片化"。

不均衡的发展路径不仅造成了制度的割裂，也造成了日益扩大的不公平性，成为社会发展的一个突出矛盾。社会保障制度本以"公平"为基本的价值取向，现实中由于制度割裂而带来的不公平使得制度受到广泛质疑。因此，进入2000年特别是2005年以后，我国养老保障体系建设开始由前期的"纵向深入"转向"制度整合"，改革关注的重点由城镇企业职工基本养老保险，逐渐转向其他群体的养老保险制度，以及养老保障体系的二、三层次。

1.1.2 公职人员养老保险制度：从"双轨制"到"并轨"改革

公职人员养老保险制度由"双轨制"走向"并轨"，是我国养老保险制

---

① 贾丽萍：《中国社会保障70年——在整合中走向发展》，载《社会科学战线》2019年第10期。

度整合的重要内容。2015 年《国务院关于机关事业单位工作人员养老保险制度改革的决定》发布，对延续了半个多世纪的原机关事业单位退休金制度进行了根本性变革。改革对完善我国养老保障制度体系具有重要意义，是全面深化改革的重要内容。改革正式终结了非缴费性机关事业单位的退休金制度，确立了与企业职工一致的基本养老保险＋补充养老保险的多层次养老保障体系，改变了长期受到诟病的城镇职工养老保险的"双规制"及其带来的不公平问题，是我国养老保障体系由"碎片化"走向统一的重要环节。

"并轨"改革方案发布以后，人力资源和社会保障部陆续发布了《关于贯彻落实〈国务院关于机关事业单位工作人员养老保险制度改革的决定〉的通知》《关于机关事业单位基本养老保险关系和职业年金转移接续有关问题的通知》《机关事业单位工作人员基本养老保险经办规程》等一系列政策，对改革的执行和推进做出了具体的规范和要求。不同于以往试点改革的滞后拖延，各地区比较快速地做出了反应，纷纷于 2015 年当年出台了相应的机关事业单位养老保险制度改革决定。随着改革的推进，又陆续制定了转移接续、改革试点衔接、经办业务等具体改革措施，推动本地区的机关事业单位养老保险改革进程。

1.2　选题说明

近几十年来，国际范围内对养老金问题的研究热情历久不衰，研究范围和深度都不断拓展，形成了一系列经典的研究体系。在养老金的制度模式及其选择方面，当代的大多数理论研究主要可以分为两个方向：一是立足于人口环境，通过长期预测考察养老保险制度（或计划）在变化的人口环境下的可持续性；二是立足于宏观经济环境，通过建立引入养老保险制度的数理经济模型，研究养老保险制度模式及其改革对宏观经济变量的影响[①]。前者实

[①]　The INGENUE team, Macroeconomic Consequences of Pension Reforms In Europe：An Investigation with the INGENUE World Model. *CEPII paper*, 2001.

际上是养老金计划精算评价（actuarial valuation）的研究范畴，后者则一般沿用新古典经济学的均衡分析框架。这两方面的研究侧重点不同，方法体系也不一样，但对于养老保险制度模式的选择都具有重要的意义。

本书以我国公职人员养老保险制度为研究主题。伴随我国机关事业单位养老保险制度的变迁，有关这一主题的研究多集中于"双规制"及"并轨改革"问题。对改革方案的设计、评估和论证是研究的核心问题，有关研究多集中于定性论证及思辨。随着改革方案的出台，也出现了关于改革后制度未来财务状况及保障水平的定量研究。整体来说，在前面提到的两种经典理论研究范式上，我国当前的公职人员养老保险制度改革研究仍相对欠缺。现有研究大多着眼于公职人员养老保障制度本身，或通过精算方法探讨制度及改革对财政支出的影响。由于公职人员养老保险制度的缴费和待遇支付仍主要来源于财政，因此，本质上仍没有跳出制度之外。相应地，关于制度及其改革对宏观经济的影响，以及与其他宏观经济变量的交互作用，这些有关制度及改革经济效应和福利效应的研究却十分缺乏。在研究方法上，使用养老金经济学经典分析范式——世代交叠模型——的研究也比较欠缺。

公职人员养老保障制度改革在制度完善及增加公平等方面的价值已被广泛论证，也早已形成共识。本书认为除了这些效果以外，改革对经济增长及社会福利也有深远影响，改革的经济效应和福利效应值得研究和论证。本书尝试运用世代交叠一般均衡分析的研究范式，探讨这一有价值的研究议题。在宏观视角的研究之外，再基于精算方法，从中观和微观视角进行制度的收支预测和参保者个人的养老待遇水平及替代率预测，从而评估制度的财务可持续性，以及改革对参保者养老待遇水平的影响。通过宏观与微观相结合的研究角度，更为全面地分析公职人员养老保险制度改革产生的效果和影响。

1.3 研究思路与内容结构

本书以我国公职人员养老保险制度改革为研究主线，按照改革内容及推进—国际比较—改革的经济效应分析—制度精算评价的逻辑顺序展开研究。

在具体的内容安排上，本书分为 8 章。

第 1 章导论，说明研究背景和选题，以及研究思路和内容结构等。

第 2 章文献回顾，从研究主题及研究范式方法两方面进行文献回顾和述评。

第 3 章公职人员及其养老保险制度，作为整个研究的出发点和基础，对公职人员及其职业的特殊性、公职人员薪酬与其养老金制度进行基本分析。

第 4 章我国公职人员养老保险制度及其改革，回顾我国公职人员养老保险制度的历史沿革，及其与城镇企业职工养老保险制度分化—整合的变迁过程，阐述试点改革及 2015 年的统一化"并轨"改革内容，总结各地区的改革推行情况及面临的问题，提出完善改革的建议。

第 5 章公职人员养老保险制度的国际经验，考察国际范围内公职人员养老保险制度安排的整体状况，并通过对美国、亚洲各国以及其他一些有代表性的公职人员养老保险制度的具体审视和分析，总结国际公职人员养老保险制度的改革趋势及对我国的启示。

第 6 章公职人员养老保险制度改革的经济效应，建立反映我国养老保险制度具体特征的、包含公共部门和私人部门两类雇员的 OLG 模型，在一般均衡分析的框架下，通过政策实验和数值模拟探讨公职人员养老金改革对储蓄、资本积累、总产出、总福利等宏观经济变量的影响，从而探讨改革的经济效应。

第 7 章公职人员养老保险制度的精算评估，基于我国公职人员养老保险制度特征建立精算模型，在制度内分年龄人口估计与预测等基础上，考察改革后公职人员养老保险制度的未来年度收支及个人的替代率水平，分析制度的长期财务平衡状况及改革对公职人员养老待遇水平的影响。

第 8 章结论与政策建议。

1.4　创新及边际贡献

本书的边际贡献在于：（1）总结了全国各地区公职人员养老保险制度改

革的进展和现实障碍与问题，以及世界范围内公职人员养老保障制度的发展情况，在该主题的研究中相对做到了地理范围和时间维度上的"全"和"新"。（2）针对我国城镇养老保险制度的具体情况构建了公共与私人部门"二元"养老保险制度的OLG模型，在一般均衡分析的框架下，通过数值模拟分析了"并轨"改革对宏观经济和社会福利的影响，在该研究主题上有一定的创新性。同时，该模型也具有一般性，可以调整应用于所有具有"二元制度"特征的养老保险制度体系，对于养老金经济的OLG模型应用是一个拓展。（3）对制度的未来财务状况和替代率进行预测，所采用的方法与相关研究有所区别。特别是基于制度内分年龄人口预测，将统筹账户收支情况分解为"老人""中人""新人"的收支，使用的方法具有一定的相对合理性，可以认为是相关研究的补充和拓展。

第 2 章　文献回顾

近几十年来，随着人口老龄化的加剧，全世界都在探索养老保障制度的应对之道。在实践上，养老保障体系改革成为世界各国经济及社会体制改革的重要领域；在理论研究上，养老保障制度及其改革也成为热点问题，受到持续关注。我国自 20 世纪 90 年代开展养老保障体系改革，养老保险问题也逐渐成为广受关注的研究主题。随着改革的深化，养老保障制度的学术研究日益丰富。本书的研究主题是公职人员养老保险制度及其改革，研究内容有两个维度：一是制度及其改革的理论及实践；二是制度改革的效应评估。本章从这两个维度进行文献梳理及总结。

2.1　公职人员养老保险制度及其改革

社会及经济问题的理论研究总是与社会实践相辅相成。养老保障问题的研究伴随着养老保障制度改革而兴起，也随着改革进程而逐步深化。我国于 2015 年出台了公职人员养老保障制度的统一改革政策，将公职人员纳入统账结合的基本养老保险制度，实现了城镇职工基本养老保险的制度统一，因而被广泛称为"并轨"改革。从我国整个养老保障制度体系来说，公职人员养老保险制度是改革最晚触及的一项内容。本节以"并轨"改革为分水岭，梳理改革前与改革后的公职人员养老保障制度研究。

2.1.1 "并轨"改革前

虽然"并轨"改革政策出台较晚，但关于公职人员养老保险制度的改革在 20 世纪 90 年代初就已经开始有所探讨了。政策上，1991 年国务院发布的《关于企业职工养老保险制度改革的决定》（以下简称《决定》）就已经提到了公职人员养老保险制度的改革问题①。此后，原人事部等有关部门陆续研究并提出了公职人员养老保险制度改革的一些原则性要求等基本问题。实践上，在这些指导精神的框架下，一些地区从 20 世纪 90 年代中期开始就进行了机关事业单位养老保险制度的试点改革。与这些政策和试点改革试验相对应，我国对于公职人员养老保险制度及其改革的研究也陆续开展起来。尤其是随着企业职工基本养老保险制度改革的层层推进，城镇职工养老"双轨制"特征越来越明显，养老保险体系非均衡发展所带来的问题越来越受到社会关注，对于这个问题的研究也日益引起了学者的兴趣，研究内容逐渐丰富。

2.1.1.1 原机关事业单位退休金制度的弊端及改革方案

关于公职人员养老保险制度的研究最早见于 21 世纪初。葛延风（2003）最早梳理了我国机关事业单位养老保险制度的历史沿革，指出了公职人员与企业职工养老待遇扩大的趋势，论证了机关事业单位养老保险制度改革的必要性和紧迫性。

初期的研究主要有以下方面内容：（1）国外公职人员养老保险制度基本情况介绍，如美国、法国、新加坡、智利等（华迎放，2004；张水辉，2004；等等）。（2）我国公职人员养老保险制度的基本特点。在这个问题上，有关研究均从制度的基本筹资模式、待遇水平、责任分担机制、管理体制等各方面进行说明，研究观点基本一致，不存在分歧。（3）公职人员养老保险制度的缺陷和弊端。研究观点具有普遍性，即分离制度所产生的"不公平"、待遇差距的扩大和财政负担沉重等。其中，企业与机关事业单位职工的养老待

---

① 该《决定》第十二条规定：国家机关和事业单位养老保险制度改革由人事部负责。

遇差距是普遍强调的问题。大多数文献指出了待遇差距日益扩大的趋势，强调了问题的严重性（葛延风，2003；黄健元，2006）。张永清（2003）则指出，对于待遇差距问题要结合两部门职工的自身差异、兼顾"公平"与"效率"辩证看待。（4）公职人员养老保险制度改革的目标模式。大多数研究认为制度应该由现收现付制向部分积累制过渡，具体设计与企业职工养老保险制度接轨，即建立社会统筹和个人账户相结合的基本养老保险，同时建立自愿性职业年金计划（葛延风，2003；闫新生等，2006；华迎放，2006；董黎明，2007）。但在这个问题上也有不同的观点，李欧等（2005）强调了公职人员养老保险制度的特殊性，提出应该继续保持现收现付的基本性质，在操作上可以建立名义个人账户。李绍光（2007）提出了改革的两个选择：一是偏重于积累制的一次性退休金加个人账户的职业年金计划；二是现收现付性质较强的名义个人账户制。（5）公职人员养老保险制度的责任分担。大部分观点认为应当由财政单方负担转向国家财政、单位和个人三方负担，但一些观点认为不同类型的部门应采取不同的筹资安排，比如国家公务员仍执行财政单方筹资（李爱华等，2007）。

2008 年，国务院发布《事业单位工作人员养老保险制度改革试点方案》，确定在山西、上海、浙江、广东和重庆 5 省市开展改革试点。随着试点改革的开展和推进，研究重点逐渐转向对试点改革经验及问题的分析，并在此基础上提出完善改革的建议。

杨晓芸和张力（2008）指出，我国机关事业单位养老保险制度改革存在的问题主要表现在缺乏法律强制性、参保意识淡薄、政策不统一、养老金社会化发放程度低、待遇差别过大等方面，提出建立独立的养老金管理系统、加快社会保险立法工作等对策。卢驰文（2011）指出，机关与事业单位养老保险非同步推进导致事业单位职工"患不均"的情绪，造成改革难以推进，提出事业单位试点改革中的一些具体问题，如对差额拨款事业单位的养老保险缴费基数确定没有设置过渡期，没有明确事业单位养老保险基金的管理体制等制约因素等，提出应划清财政部门与社会保险部门在管理社会保险基金方面的权利义务关系，测算和合理分解机关事业单位养老保险改革对财政增加的压力，建立有别于企业年金的机关事业单位职业年金制度等。龚秀全

（2011）认为，试点改革难以推进的阻力主要来源于改革显著降低了事业单位退休职工的待遇水平，提出改革不能以降低退休职工待遇水平和减轻财政压力为目标，而应以建立统一的职工基本养老保险制度为目标；应根据事业单位的不同类型，建立合适的职业年金计划并明确待遇水平，同时应完善相关配套改革。李隽和徐再波（2012）结合江苏省连云港市机关事业单位养老保险制度的改革现状及存在问题，提出应提高基本养老保险基金统筹层次，设计公平的基本养老金计发办法，建立基本养老金调整机制，完善养老保险管理体制，制定统一的改革措施等。

2008 年开始推行的事业单位养老保险试点改革推行阻力较大，而统一的改革政策迟迟未能确立发布，全国范围内的机关事业单位养老保险试点改革陷入困局。"双轨制"下企业职工与机关事业单位职工的养老待遇差距日益扩大，成为突出的社会矛盾。在这样的背景下，很多学者从顶层设计上深入探讨公职人员养老保障制度的合理方案。

郭磊（2013）指出，我国城镇养老保险制度经历了拆分—合并—拆分的过程。改革的方向是全盘统筹设计，逐步消除"双轨制"差距，形成统一的养老保险制度。张祖平（2014）指出，企业职工养老保险中积极推进的三支柱模式为机关事业单位养老保险的模式构建提供了样板。但是企业职工基本养老保险制度中存在的问题也对机关事业单位养老保险改革带来影响。企业职工养老保险金与机关事业单位退休金的巨大差异降低了机关事业单位从业人员对养老保险改革的信心。如果不能解决好转制成本问题，个人账户空账问题在机关事业单位养老保险制度中可能继续存在。何小伟和郑伟（2014）指出养老金"双轨制"严重影响了我国社会保障的公平性，迫切需要进行"结构性改革"，并对机关事业单位职业年金的制度进行了设计，讨论了事业单位分类制改革、适度降低基本养老保险缴费率、改革机关事业单位人事和工资福利制度等相关配套措施。高和容（2015）强调了改革的价值取向问题，提出应以体现差异性、注重基础普惠的底线公平作为机关事业单位养老保险制度改革的价值取向。基础养老金部分体现底线公平原则，保证养老保险制度底线部分权利的一致性；个人账户养老金以及职业年金作为"非基础"部分，满足非底线的需求，体现效率与义务相结合原则。

2.1.1.2　企业与机关事业单位职工养老待遇差异

企业与机关事业单位职工的养老待遇差距是基本养老保障制度不统一的外在表现结果，也是对制度公平性质疑的核心问题。这一矛盾受到社会的广泛关注，很多学者对待遇差距问题进行了研究。

早期的文献多着眼于对待遇差距的定性描述及个案说明。王晓军和乔杨（2007）基于精算方法，对企业与机关事业单位职工养老的待遇差距进行了定量分析；结合养老保险制度差异的经济学分析，认为制度上的差异是两部门养老金差距产生的根源，工资制度、人力资本结构上的差异，也是养老金待遇差距的重要影响因素；提出应提高企业职工的退休保障水平，改革机关事业单位的养老保险制度安排，使其与国家统一的养老保障体系相衔接。

李真男（2013）从终生潜在收入角度分析了两类职工群体的养老保险代内平等性，指出目前的体制存在不平等性，终生潜在收入越高的群体，其净税率越低，这不仅因为机关事业单位不用缴费而享受全额财政补贴，还因为企业养老保险规则存在内在累退性；建议统一机关事业单位和企业养老保险规则，取消缴费下限设置，在养老金发放规则上更进一步地体现平等性。

谭中和（2014）立足于养老金调整机制这一研究视角，提出了统筹建立企业和机关事业单位退休人员养老金调整的具体模型和办法，并建议取消差别化的调整机制，实行"普调"和"特调"相结合模式、取消对特殊人群的倾斜政策、为基础养老金全国统筹留有接口等。

张祖平（2012）、马斌等（2013）、李春根和张彦（2014）等分析了企业与机关事业单位离退休人员的养老金差距的客观事实，指出待遇差距呈不断扩大趋势。这些研究也分析了待遇差距产生的原因，除了公认的制度差异之外，还有调整政策、资金来源、体系不完善及政治因素等原因。在对策建议上也有相对一致的观点，如进行制度的统一化改革，在计发办法、调整机制上实行统一等。

2.1.2 "并轨"改革后

2015 年"并轨"改革方案发布之后，关于公职人员养老保险制度改革的研究也达到高峰。"并轨"改革后有关主题的定性研究主要有两个方面：一是对机关事业单位养老保险制度及改革政策的探讨；二是对各地改革进展状况的总结。值得注意的是，"并轨"改革后相关问题的定量研究丰富起来，主要的研究主题有三类：一是对制度的财务可持续性进行精算评估，以及考察改革的财政负担；二是对改革后养老待遇水平及替代率进行预测；三是并轨改革对劳动力流动、居民储蓄率等其他经济变量影响的实证研究。

2.1.2.1 机关事业单位养老保险制度改革及完善

一些研究从不同角度梳理、评价了我国机关事业单位养老保险制度及改革政策。姜玉贞（2016）从机关事业单位养老保险制度转轨的现实出发，分析了"并轨"改革的意义和改革的顺利推进所面临的风险和挑战：新的隐性"双轨制"风险、财务可持续性问题、职业年金的潜在风险、缺乏相关制度配套的风险等。成志刚和唐沙（2016）基于制度变迁的视角，分析了我国机关事业单位养老保险制度变革进展缓慢的原因，并对机关事业单位养老保险制度改革的预期成本与潜在收益、社会成本与社会收益、转轨成本与外部性收益、摩擦成本与公平收益、观念成本与精神收益进行梳理和剖析。褚福灵（2016）通过对我国机关事业单位养老保险制度改革历程的回顾，总结了"渐进改革，形成共识；新老有别，平稳过渡；综合改革，系统推进"等实践经验。

刘远风（2017）分析了机关事业单位养老保险中政府责任的特性，指出政府作为公共利益的维护者和制度的执行者，为实现制度目标扮演了多重角色，其兜底责任是政府作为制度担保者承担的连带责任，负责最后出场完成在前期各方责任主体未尽的事项；同时，讨论了政府兜底责任的具体范围，提出政府应建立转制成本消化机制、养老保险基金风险补偿机制、机关事业单位财政资金拨付机制等机制，厘清各方责任，明确履行兜底责任的程序。

杨复卫（2018）从行政法中的比例原则出发，对机关事业单位养老保险改革效果进行了评估，指出改革存在立法缺位、缺乏补偿转制成本的方案设计等问题。通过比例原则评估，指出应构建改革目的的整体化思路、确立财政补助的标准与程序事项、重视年金制度利益均衡的实现路径等建议。

另一些研究基于地方改革实践，总结了改革推进中的问题及完善改革的建议。黄绪全（2016）总结了广西地区改革工作进展情况，指出改革政策与实施进度滞后于预期，具体原因与表现有事业单位分类改革尚未完全改革到位、养老保险"中人"视同缴费指数尚未确定、改革增支压力较大以及改革后人少事多等矛盾，提出加强组织领导、加快制定各项改革配套制度、加快推进事业单位分类改革及规范编制管理、确保资金到位以及做好宣传引导工作等解决措施。王敏（2019）总结了内蒙古公益类事业单位养老保险改革的现状和问题，尤其是编制内事业单位工作人员参加基本养老保险面临的困境，提出了相应的对策建议。解静（2015）探讨了成都市推进机关事业单位养老保险制度改革的困境和出路。王欢（2018）基于对江苏 12 家公立医院的调查，指出改革方案没有考虑到事业单位编制外职工比例较大、收入差异等现实问题，导致改革推行面临困境。其他还有郑鑫磊（2017）对黑龙江、王子哲（2018）对河南、田伯韬（2018）对湖北等区域改革发展的有关研究。

2.1.2.2　财务可持续性及财政负担

在定量研究方面，通过构建精算模型评估机关事业单位养老保险的财务可持续性是一个主要研究内容。曹园（2015）基于"并轨"改革政策建立精算模型，测算改革前后养老金财政支出缩减额及缩减比例。研究发现，养老金支出缩减额随着职工逐年退休而增大，且当"新人"及"新中人"全部退休时缩减额达到最大；之后缩减比例逐年小幅降低，相对稳定；提出改革可减少养老金财政支出，实现养老金待遇的平稳过渡，对应对人口老龄化带来的养老金支出压力具有积极作用。许鼎和敖小波（2016）采用加入年龄成本法构建精算模型，根据制度运行实际情况测算了机关事业单位基本养老保险统筹账户的精算应计负债，并与未来法下的测算结果进行了比较，评估了机关事业单位养老保险制度未来的偿付能力。王雅和薛惠元（2020）的测算表明，统筹基金支出在 2050 年前呈逐年增加趋势，而收支缺口从制度建立之初便开始产生；降低养老金调整系数、延迟退休等政策能有效减少统筹基金支出，缴费基数的增加也将在长期后改善基金收支状况。同时提出：应多方筹集资金，当年统筹基金缺口当年弥补；建立合理的基本养老金调整机制；做实并适当提高缴费基数；尽快出台并落实延迟退休政策；将个人账户做成名义账户。

还有一些学者定量分析了机关事业单位养老保险制度的财政支出负担。杨再贵和许鼎（2017）针对"老人""过渡期中人""过渡后中人""新人"四类群体，分别对全额供款单位和差额供款单位建立精算模型，测算了基本养老保险统筹账户养老金的财政负担，并对影响因素进行敏感性分析。董振廷（2016）以教师群体作为研究目标人群，模拟测算改革与不改革情况下财政负担的变化情况，并就工资增长率、投资收益率和账户做实程度等变量进行了关于财政负担变化的敏感性分析。

近年来，一些学者进一步研究了统筹账户降低缴费率下机关事业单位养老保险制度的财政支出负担问题。杨再贵和陈肖华（2020）构建机关事业单位养老保险收支结余精算模型，分析了降费综合方案下机关事业单位养老保险各年的财政支付压力，发现该方案虽能有效缓解财政支付压力，但该压力会自 2046 年起节节攀升，故有必要建立预警；同时，考察了延迟退休、全面二孩、缴费率等因素对关键预警指标和预警年份区间的影响，并从进一步缓解机关事业单位养老保险财政支付压力的角度提出了政策建议。陈洋和张霁雯等（2020）指出缴费率降低到 16% 以后，机关事业单位养老保险统筹账户养老金财政支出增加，统筹账户降费率的财政负担弹性约为 −2.07。延迟退休政策、统筹账户养老金替代率、经济增长速度和非财政全额拨款单位人数占比等政策或指标对财政负担弹性的计算结果会产生影响。

2.1.2.3 待遇水平及替代率

薛惠元和宋君（2015）对机关事业单位"新人"的基本养老金和职业年金替代率进行了测算。王翠琴和王雅等（2017）对改革后"中人"的基本养老金替代率、职业年金替代率以及总替代率进行测算及敏感性分析，指出 10

年过渡期后机关事业单位"中人"男性的替代率较于女性更有弹性，且男性与女性养老金替代率差距拉大。过渡期后"中人"男性的养老金替代率初期略低于改革前，后期高于改革前；"中人"女性的养老金替代率总是低于改革前。马伟、刘洋等（2017）测算了事业单位"新人"和"中人"的养老金替代率，指出"新人""中人""老人"的养老金替代率存在一定的差异，"新人"养老金替代率偏低。沈毅（2016）指出，改革后机关事业单位养老保险和职业年金的综合替代率为75% ~ 80%，与原来相比可能会有10% ~ 15%的待遇下降。王亚柯和李羽翔（2016）构建总替代率、总相对水平、净替代率和净相对水平等指标对机关事业单位人员养老保险的保障水平进行了测度，分析了退休年龄、投资收益率和待遇增长机制等因素对保障水平的影响和作用，并指出机关事业单位人员养老制度改革提高了男性各种收入者和女性低收入者的保障水平，而降低了女性中高收入者的保障水平。

杨翠迎、刘玉萍等（2021）探讨了并轨改革后企业职工与机关事业单位人员的养老待遇鸿沟问题，指出职业年金可以显著提高公职人员替代率水平，进而拉大企业职工与机关事业单位职工的养老金待遇差距；对于过渡期内的"中人"而言，"保低限高"的政策同样拉大二者的差距；对于过渡期后的"中人"而言，个人账户记账利率、职业年金投资收益率、缴费基数的差距也导致二者的差距扩大。通过加强职业年金的顶层设计、促进企业年金快速发展、提升要素结构科学性、适时实现养老金第二支柱整合，可缩小并轨后两类群体的待遇鸿沟，维持制度的公平性。

2.1.2.4 "并轨"改革的其他影响

近年来，机关事业单位养老保险制度改革的有关研究视角有所拓展，学者们开始探讨改革对劳动力流动、家庭储蓄及消费等其他宏观经济变量的影响。

于新亮、张文瑞等（2021）提出养老金并轨抑制机关事业单位员工离职倾向性的理论假设，并通过2010 ~ 2018年的CFPS数据进行了实证检验。结果表明，养老金并轨后机关事业单位劳动力流动性下降6.5%。同时，这种流动抑制作用存在异质性，从个体层面，养老金并轨对10年过渡期以外退休的员工抑制作用更强；从地区层面，养老金并轨对机关事业单位工资高于当地平均工资地区的劳动力作用更强。

李晓飞、臧旭恒等（2021）分析了养老保险制度改革对参保家庭储蓄率及消费的影响，并基于 CHFS 短期面板数据，利用准实验方法进行实证分析。研究发现，制度并轨改革通过改变家庭养老金收入预期和提高家庭未来养老风险，显著提升了机关事业单位参保家庭的储蓄率，降低了家庭人均消费水平，但改革的储蓄与消费效应存在一定程度的时滞性。改革主要减少了参保家庭的食品及在外就餐、衣着和教育文化娱乐类消费，对低财富、女性户主、户主受教育程度较高、户主年龄为 40 ~ 50 岁和西部省份等家庭的影响更大。

2.1.3 公职人员养老保险制度的国际经验与借鉴

有关公职人员养老保险制度的另一个研究维度是对国外制度及改革的研究及借鉴。孙守纪和周赛（2015）介绍了加拿大公共部门雇员养老保险制度及其困境，分析了其面临债务危机的原因。郭磊和潘锦棠（2015）考察了中外养老保险"双轨制"的分类及其利弊，以及公职人员养老保险制度的起源与变迁历程，具体介绍了美国公职人员工资和养老保险平衡调控机制，并探讨了对我国公职人员养老保险制度改革的借鉴。郭磊和毛畅果（2018）基于芬兰案例比较了公职人员和企业职工在两次分配中的性别间收入差距。研究发现，养老保险的部门差异和性别差异源自整个劳动时期的工资和工作年限的差别。因此，协调部门间和性别间收入差距应同时考虑工资和养老保险。刘桂莲（2018）介绍了美国州和地方政府公职人员养老金计划基本概况，分析了美国州和地方政府公职人员养老金计划投资管理及其监管体制，认为美国较为成熟的投资监管可为我国职业年金市场化投资提供有益借鉴。林义和何沛（2015）介绍了经济合作与发展组织（Organization for Economic Cooperation and Development，OECD）国家公职人员差异化养老保险制度的经验，主要有：共同缴费，均衡负担；结构完善，保证安全；健全机制，弹性退休；给付确定，机理明晰；调整待遇，保障水平等。杨洋（2021）分析比较了国外公务员养老金制度的改革动因、改革路线和具体措施，特别是改革过渡办

法及养老金待遇的平稳衔接措施，得到的启示为：构建公平统一的基本养老
保险制度；建立 DB 制与 DC 制相结合的补充型养老金计划；统筹安排及合理
确定不同层次、不同类型养老金计划的待遇替代率水平等。

2.2 基于一般均衡分析的养老保险经济效应研究

通过对我国公职人员养老保险制度有关研究的梳理，可以看到当前文献
主要有两大类研究方法：对制度及其改革的定性分析，以及基于精算模型或
统计方法的定量分析。本书在这两个研究方法之外，希望基于养老保障经济
分析的经典范式——世代交叠模型，对公职人员养老保障制度及其改革进行
一般均衡分析，获得改革对宏观经济变量的影响，即从宏观经济视角探讨改
革的经济效应及福利效应。本节对养老保障的一般均衡分析进行文献回顾。

养老保险制度经济效应的理论研究以其对经济增长的影响为基础和核心，
但广义上说，研究范围还包括养老保险制度安排对社会福利、收入分配、家
庭劳动力供给（退休策略乃至生育策略）等方面的效应，后者通常以前者的
理论模型为基础进行拓展研究。

2.2.1 养老保险与经济增长

分析养老保险体系对经济增长的影响，主要是通过分析养老保险对储蓄
会产生怎样的影响[1][2]。莫迪立安尼（Modigliani，1954）的生命周期假说
（life-cycle hypethesis）提出个人储蓄行为的目的是对其生命周期内的一生消
费进行平滑，从而将储蓄引为决定个人一生行为决策的重要变量，为养老金

---

[1]　袁志刚等：《养老保险经济学》，上海人民出版社 2005 年版。
[2]　另一个研究角度是养老保险制度对最优增长路径的影响。本书的研究角度是对储蓄的影响。
这个研究角度的基本思路是：养老保险制度的引入将影响个人的储蓄行为，从而影响整个社会的资本
积累，进而影响整个社会的总产出水平。

经济对储蓄的影响研究提供了根本的假设基础。[①] 一般来说，养老保险体系的引入，会通过行为人一生预算约束的改变而使个人的最优决策即最优消费和最优储蓄发生变化。正是基于这一思路，戴蒙德（Diamond，1965）对由萨缪尔森（Samueloson，1958）提出的代际交叠模型（overlapping generations model，OLG）进行扩展，引入个人生命期效用函数，分别研究了现收现付制和完全积累制养老保险制度对经济的动态影响。其结论为现收现付制减缓资本积累率，同时也减少了稳态资本存量，从而降低经济增长；而完全积累的基金制是一种强制性储蓄计划，在其他条件不变的情况下，基金对于资本形成的作用是中性的。以此结论为出发点，引发了理论界对养老金与经济增长关系的争论。艾伦（Aaron，1996）在 OLG 模型中引进生产和投资，通过劳动生产率的增长这一因素修正戴蒙德的模型，在艾伦的模型中，养老金的增长取决于两个因素：人口的增长率和劳动生产率的增长率。菲尔德斯坦（Feldstein，1974）也提出了现收现付制养老保险对个人储蓄具有"挤出效应"的观点，并用 1929~1971 年（除 1941~1946 年）期间美国的数据进行了参数估计，估计结果支持社会保障大幅度减少私人储蓄的结论。巴罗（Barro，1974、1978）则提出了"中性理论"，指出若考虑到有遗产动机，社会保障对于个人储蓄的挤出效应应该为零。在另外一些论著中，达比（Darby，1979）认为"挤出效应"的实际水平比费尔德斯坦所估计的要小。雷莫和莱斯诺伊（Leimer and Lesnoy，1982）重新调整了费尔德斯坦的计算程序，得出的结论是：养老保障对储蓄有一个效应，但不管是正的还是负的，都没有统计意义上的显著性。

但是，对于"挤出效应"假设不成立的看法同样反映在此后的大量研究中。莱默和理查森（Limer and Richardson，1992）论证了现收现付制养老金待遇的降低将会导致私人储蓄的增加，但同时又会使个人蒙受很大的福利损失。斯雷特（Slate，1994）则认为，社会保障计划对私人储蓄没有显著的影响。

---

① 事实上，在生命周期假说之前的消费者行为理论和储蓄理论，并未能有效地为养老金经济的理论研究提供可能。

　　对于基金积累制养老金计划的储蓄效应，也有大量的实证研究。戴维斯（Davis，1995）在分析了 12 个 OECD 国家、智利和新加坡的养老基金有关数据后，并没有发现养老基金对个人储蓄有规律性的影响。因此，他认为基金制养老金计划对个人储蓄的影响要依各国经济的具体状况而定。世界银行（1997）通过对美国职业年金方案、澳大利亚职业年金方案以及智利、新加坡的实例分析，认为基金型的积累制有增加居民储蓄、促成资本形成的潜力，而现收现付制计划则没有这种潜力。戴维斯和胡越伟（Davis and Yuwei Hu，2004）利用 38 个国家（包括 18 个发达 OECD 国家、20 个新兴市场国家）的相关数据和多种计量方法考察了养老金投资和经济增长之间的关系。结果发现，一般而言，养老金投资对经济增长具有显著的正效应，对 OECD 国家尤为如此。对绝大多数新兴市场国家，养老金投资对经济增长也有正的显著性影响。[①]

2.2.2　理论分析框架——OLG 模型及其在养老金经济分析中的应用进展

　　前面提到，世代交叠模型是养老保障理论分析中的一个重要工具。该模型由萨缪尔森（1958）提出，戴梦得（1965）将其与索罗模型进行融合加以发展。模型假定经济个体存活有限期，即人们只存活于不变数目的离散时期之中，比如说青年时期和老年时期。一个世代的青年人与上一世代的老年人在同一时段内相互交叠同时存在，该模型的通用名称正是由此而来。

　　OLG 模型一经提出，就成了养老金经济研究乃至新古典经济理论的重要研究范式。《新帕尔格雷夫经济学大辞典》在"一般均衡的代际交叠模型"（overlapping generations model of general equilibrium）这一词条中指出它"毫无疑问地已经在阿罗 – 德布罗（Arrow-Debreu）经济外的新古典一般均衡理论中发展成为最重要而又最有影响的范式。财政和宏观经济学中浩如烟海的

　　[①]　关于养老保障制度经济效应分析的中文述评，更为详尽的文献可参见李绍光：《养老保险制度与资本市场》，中国发展出版社 1998 年版；袁志刚：《养老保险经济学》，上海人民出版社 2005 年版。

文献都是基于该模型进行的，包括国债、社会保险、资本积累的征税范围和遗赠、菲利普斯曲线、经济周期以及货币理论基础的研究"①。布兰查德（Blanchard）在其《宏观经济学（高级教程）》中介绍代际交叠模型时，开篇也明确指出，"代际交叠模型是以微观为基础的宏观经济学中使用的第二个基本模型"②。

在代际交叠模型中，由于每个人都有年轻和年老的区别，因此可以很自然地引入养老保障。不论实行何种模式，政府强制实施的养老保障制度，总是会改变消费者在年轻和年老时的福利，也会改变消费者的最优决策，从而对资本积累和社会生产产生深刻的影响。由于 OLG 模型能够很好地再现各种养老保险制度的内在逻辑，因此，更成为养老金经济理论研究的基本范式。反过来，OLG 模型本身也在养老金经济分析研究中得到了不断的应用和拓展。菲尔德斯坦（1974）在确定性背景下应用 OLG 模型分析了现收现付制度对资本积累的影响。此后世代交叠模型被大量应用于现收现付制和基金积累制养老保险体系的比较研究中。阿韦拉奇和科特利科夫（Averbach and Kotlikoff, 1987）对世代交叠模型进行了重要拓展，发展出 A – K 模型，他们将生命由最初假定的两个世代拓展到 55 代，并在确定性背景下分析了现收现付制和基金积累制对众多经济变量的影响，同时将比较精细化的人口统计学预测引入模型，使分析结果更为精确。A – K 模型开创了可计算 OLG 模型的先河，同时在后来的应用中也得到了不断拓展，基本做法是在模型中加入更多特性，使模型在更大程度上与现实逼近，增加数值模拟结果的可靠性。近年来，计算机技术的强大也使得随机 OLG 模型得到了发展和应用，如戴梦得（1997）和波恩（Bohn, 1999）利用随机 OLG 模型分析了社会保障制度对代际风险分担效应的影响。③

目前，世界很多国家的学者都尝试建立了本国养老保险制度的 OLG 模

---

① 《新帕尔格雷夫经济学大辞典》（卷3），经济科学出版社 1996 年版。

② 布兰查德，（美）费希尔（Fischer, Stanley）：《宏观经济学高级教程》，刘树成等译，经济科学出版社 1992 年版。第一个基本模型指的是无限期界的拉姆齐—库普曼斯模型。

③ M. Aglietta, J. Chateau, et al. "Pension reforms in Europe: An investigation with a computable OLG world model", *Economic Modelling*, 2007.

型，主要用于分析养老保险制度改革的经济影响。模型也被不断拓展，如由
封闭经济发展到对开放经济的分析，由一个国家的 OLG 模型发展到多国 OLG
模型（Michel et al.，2006），用于分析的问题也不仅仅是现收现付制和基金
积累制的经济比较，而是发展到养老保险制度对资本积累、收入分配、风险
分担等各个方面的影响分析。

除了在技术上的不断改进，OLG 模型应用的另一个重要发展方向是由单
一部门分析拓展到多部门分析。塞拉诺（Serrano，1998）在对墨西哥社会保
障制度改革的分析中提出了将劳动者分为两类并假设他们非同质的思路。由
于这一思路更具有现实性，在以后的很多研究中用于考察劳动力市场分割情
况下养老保险制度的经济效应。[①] 格伦等（Glomn et al.，2005）针对巴西公
职人员养老保险制度待遇优厚的情况，将劳动者分为公共部门雇员和私人部
门雇员，建立 OLG 模型分析了降低公职人员养老金待遇水平的经济效应。本
书对于公职人员养老保险制度及其改革的经济效应分析也是基于同样的思路，
针对养老保险制度的分割现状建立包含"二元"养老金体制的 OLG 模型，并
通过数值模拟分析改革的不同方式对资本存量和社会总产出等经济变量的
影响。

2.2.3　世代交叠一般均衡分析在我国养老保险研究中的应用

2.2.3.1　养老模式选择的经济效应

养老保险理论研究中引入世代交叠模型的研究范式，我国最早见于 21 世
纪初。早期的研究主要是对模型的介绍以及对养老保险制度模式选择的有关
分析。柏杰（2000）基于中国养老保险改革实践建立了一个二世代的 OLG 模
型，考察养老保险制度安排对经济增长和帕累托有效性的影响，对于养老制
度安排对经济有效性的条件进行了证明。袁志刚等（2000）在构建中国基本
养老保险制度 OLG 模型的基础上进行比较静态分析，考察了人口年龄结构对

---

① 如郑伟（2004）的研究模型将劳动者分为两类：第一类劳动者的储蓄能在资本市场获得投资
回报；第二类劳动者的储蓄则不能。

最优储蓄率的影响，并通过数值模拟验证了其研究结论。郑伟（2004）针对我国基本养老保险制度建立了可计算 OLG 模型，其主要贡献是考察了从我国特有的现收现付制到部分积累制过渡的制度变迁经济效应，涉及资本与产出、要素价格、消费者福利、收入分配多个方面的效应测算。

李时宇（2010）基于世代交叠模型分析，指出由现收现付制转型为基金积累制并不能产生任何收益。模拟结果显示，在允许代际再分配的前提下，转轨会造成前面几代人消费水平的下降，之后每一代人的消费水平都会上升。加总各代人因转轨带来的收益和损失的贴现值，收益大于损失。因此，在允许代际再分配的条件下，转轨有利于整个社会收益的提高。

王晓芳等（2010）在一般均衡框架下，利用世代交叠模型分析了企业年金制度带来的经济效应，企业年金制度的建立，使资本量和产量增加，使资本—劳动比、产出—劳动比及资本—产出比提高，产生整体上正面的经济效应。

陈凯和段誉（2014）建立了一个三期世代交叠模型，然后分析了不同渠道养老保险收入对家庭储蓄率的影响。研究结果表明，基本养老金财富与个人金融投资对非退休人群的储蓄有显著的负向影响，退休者的储蓄率主要受家庭成员赡养影响，并且呈负相关的关系。

杨继军和张松林（2018）、杨继军和张为付（2019）测算了我国养老金改革中隐性负债的规模，并在世代交叠模型下考察了隐性负债的分配和制度改革对中国经济动态效率的影响。养老金由现收现付制向部分积累制转轨后，对储蓄产生了显著的"挤入效应"，助长了资本积累的物质基础，加剧了中国经济的动态无效。养老金筹资模式与经济动态效率的关系受到隐性负债的交叉影响。建议将养老金改革从部分积累制转向名义账户制，以弱化资本积累的基础，通过"延后型"税收序列将隐性负债转向未来代际，开征遗产税，减少代际馈赠规模，降低储蓄和资本积累，提高经济运行的动态效率。

2.2.3.2 养老保险改革的政策调整

近年来，OLG 模型的应用研究更为广泛，一些文献在 OLG 一般均衡分析框架下探讨了养老保障制度的具体改革措施及其经济影响。

一是有关社会统筹账户缴费率的研究。康传坤（2012）在一般均衡 OLG 模型框架内对比分析了提高养老金缴费率和推迟退休年龄对劳均资本存量、个人和社会统筹账户养老金水平等经济变量的影响，指出推迟退休的政策选择要优于提高社会统筹缴费率。彭浩然和陈斌开（2012）在世代交叠模型中研究了养老保险缴费率和养老金待遇水平之间的关系，发现降低缴费率能够促进物质资本和人力资本积累，缴费率与养老金待遇水平之间呈现倒"U"型关系，从理论上证明了在降低在职人员缴费率的同时提高退休人员养老金待遇水平的可能性；同时利用中国数据对理论模型进行了参数取值和数值模拟，发现中国现收现付养老保险缴费率的阈值在 15.6% 左右。他们认为中国政府可以通过适当降低社会统筹部分的缴费率来缓解代际冲突，减轻扩大养老保险覆盖面的阻力，真正建立起基本养老保险制度的长效机制。康传坤和楚天舒（2014）测算了全国统一的养老保险最优社会统筹缴费率，并考察了人口老龄化对其产生的影响。最优统筹缴费率变动区间低于中国当前的社会统筹缴费率。李培和范流通（2018）运用跨期的异质性世代交叠模型，从参保群体福利分配最大化的视角对缴费率水平及其下降空间进行了研究，发现不同参保群体社会统筹缴费率均有下调空间，费率下调能够改善自身的福利分配状况和缩小群体间的福利分配差距，而且达到一种稳定均衡状态。可见，有关缴费率的研究基本达成一致的结论，即制度缴费率不应提高，反而有下降空间，降低缴费率将产生正向的经济效应。汪伟和王文鹏（2021）通过构建一个包含体制性结构与劳动者退休决策异质性的世代交叠模型，考察了预期寿命、养老保险降费对老年劳动供给的影响，指出养老保险缴费率存在政策目标上的"下限"，并证实了养老保险降费改革能否实现社会福利的帕累托改进和有效利用老年劳动力资源的双重目标，不仅取决于缴费率的下调幅度，而且依赖于退休年龄的调整。

其他有关养老保险制度调整政策的研究有：靳文惠（2016）模拟分析了在未来预期寿命和生育率变动下，基本养老保险统筹账户如何基于参数调整来维持收支平衡。张庆伟（2016）基于世代交叠模型分析了中国养老保险改革中多种政策的潜在影响，指出国家不能仅仅依靠延迟退休政策来应对老龄化问题，应保持社会养老保险制度的相对稳定、完善金融市场体系、提高资金运用效率。

江宇源（2014）用一个两部门代际交叠模型尝试从效率角度解释公务员和企业职工的养老保险体系存在巨大差距的现象。分析表明，当存在自愿退休和劳动生产率的年龄差异时，提高公务员的养老金给付会对资本存量带来正的影响，且这个影响随劳动生产率年龄差异的增大而增大。同时，其比较了公务员养老金的并轨方案，发现建立一个高缴费高给付的公务员养老金体系要优于一个与私有部门完全相同的养老金体系。

李培和丁少群（2016）运用动态世代交叠模型，引入我国城镇职工基本养老保险制度模式构建一般均衡分析模型，测算了新型城镇化过程中养老金并轨不同参保群体收入差距变动情况以及探讨了机关事业单位养老金改革，发现：（1）虽然城镇企业职工等高收入群体为社会统筹账户做出了额外的贡献，但社会统筹账户的收入再分配作用不明显。"大统筹、小账户"缩小了不同群体的总收入差距，但未能缩小养老金差距。（2）养老金并轨后，不同群体间总收入差距大于并轨前，养老金差距小于并轨前。（3）机关事业单位养老金改革虽然能缩小不同群体间基础养老金差距，但并非能够缩小总收入差距。（4）总体上看，不同群体养老金并轨不利于总收入差距缩小，而是能够缩小养老金差距。

2.2.3.3　延迟退休的一般均衡分析

一些研究讨论了延迟退休的对养老金体系及经济增长的影响。樊长科和林国彬（2015）通过对戴蒙德世代交叠模型进行拓展分析，探究延迟退休政策对我国养老金支出和经济增长水平的影响，结果表明，延迟退休政策的实行有利于提高养老金的支出水平，但跨期劳动力投入增加所带来的人均资本存量以及生产效率的下降与劳动力的要素收入效应形成反向对比，使总产出呈现了先下降后上升的"U"型变化特征。宁磊和郑春荣（2016）在分析延迟退休对中国劳动力市场冲击影响的基础上，模拟分析了延迟退休政策对企业职工福利水平的长期影响，指出在保持养老保险缴费率不变的情况下，延迟退休5年会使社会福利最大化；最优的退休年龄与劳动力市场状态息息相关，如果当前就业形势严峻，最优退休年龄需要相应降低。王天宇等

（2016）在一个 75 期的世代交叠模型中，分析了延迟退休对于就业和社会福利的影响，认为延迟退休对于缓解养老金财政压力的边际效果会逐渐减小，推迟退休年龄 1 ~ 2 岁不会造成总失业率的大幅上升。但政策效果存在异质性。张志远和张铭洪（2016）构建一个可计算的一般均衡模型，探讨中国延迟退休年龄政策的若干经济学效应。研究认为，采用渐进式延迟退休并且规定最低工作年限方案具有较好的经济效应。该方案可以长期有效提高人均产出并减轻养老金支付压力。

还有一些研究考察了延迟退休对生育等决策的影响。严成樑（2016）构建了一个包含延迟退休和内生出生率的 OLG 模型，考察了延迟退休对人口出生率和经济增长的影响。研究发现，在新古典增长框架和内生增长框架下，无论是现收现付社会保障制度还是完全基金社会保障制度，延迟退休都使得均衡状态出生率上升，延迟退休对人口出生率的正向影响大于负向影响。延迟退休对经济增长的影响依赖于经济增长模式。杨华磊、沈政等（2018）通过引入延迟退休变量，建立了一个要素内生的世代交叠模型，发现延迟退休不仅有助于改善家庭养老状况，还能提高家庭生育水平；进一步采用经历过延迟退休的 OECD 国家数据进行实证分析发现，延迟退休对生育水平有显著的促进作用。

2.2.3.4　养老保险与公共政策

（1）养老保险与公共债务。张晓娣（2014）基于一般均衡思想利用世代交叠模型探析了存在养老保险时公共债务的长期动态演化路径：养老保险能够增加居民终生收入、提高出生率；而当人口增长率大于投资收益率时，公共债务将逐渐降低或收敛于稳态。李雪增和蒋媛媛（2014）通过在两期世代交叠模型中引入"统账结合"的养老保险模式，研究了当养老保险体系通过政府发行债务维持收支平衡时，经济系统的动态一般均衡性质，并通过数值模拟方法估算了不同养老保险政策具有怎样的经济效应。张晓娣和石磊（2014）在世代交叠模型框架下考察养老保险和公共债务的关系，指出当人口增长率大于投资收益率时公共债务才能逐渐减少或收敛于长期稳态；而提高养老金则具有增加居民终生收入、提高出生率，进而间接地降低长期债务水平的效果。均衡债务水平越高，养老保险收支缺口出现越早，赤字累积越大。同时，高债务还将提高未来利率和税收负担率，降低大多数世代的福利水平。

（2）养老保险与国有资本划拨。庞杰和王光伟（2016）建立了一般均衡代际交叠模型，探讨社会保障制度与国有资本的最优划拨率之间的关系，指出将国有资产净收入划拨至养老保险账户，可以降低养老保险费率，提高社会福利水平。随着中国劳动力人口增长率的下降，整个社会福利水平也随之下降，国有资本净收入对养老保险账户的最优划拨率也随之减少，最优划拨率从38.10%下降至14.31%。结论是如果政府从社会福利的最大化角度出发，应当将国有资本净收入对养老保险账户进行划拨补充，但划拨率存在上限。景鹏和郑伟（2019）构建了一个包含国有资本划转、内生生育率和教育投入的世代交叠模型，考察划转对劳动力供给的长期影响。研究发现，与不划转相比，划转将降低劳动力数量和提高劳动力质量，但对劳动力总供给的影响不确定，它不仅取决于父母对子女数量和质量的相对重视程度，而且依赖于划转之后养老保险政策工具的选择。

2.2.3.5　养老保险与人力资本

于凌云和蒋玉石（2008）对中国社会保障改革过程中的养老保险和教育的公共支出的增长效应进行了分析，同时通过人力资本这一指标来体现它们与经济增长的相关关系，结果表明：从公共支出角度来看，政府对养老保险的转移支付与人力资本和长期经济增长率之间呈现出一种负相关关系；公共教育投入对于长期人力资本及经济增长的正面效应很明显，而对短期经济增长的效应却不明显。黄莹（2009）利用封闭经济下的二期 OLG 模型，考察了在人力资本投资和资本—技术互补条件下，中国养老保险制度改革后对收入差距的影响。理论模型表明，基金制份额的提高增加了物质资本和人力资本，拉大了中国的收入差距；实证亦证实了混合制是拉大中国收入差距的单向格兰杰原因。邱伟华（2009）通过使用一个世代交叠模型揭示了公共教育与社会保障调节收入分布的作用机制，指出：公共教育能够有效地缩小家庭教育投资差距，从而降低收入差异；社会保障则通过减少低收入家庭的劳动供给、增加其有效家庭教育时间来降低收入差异。艾蔚和朱萌（2017）构建包含人力资本投资决策的世代交替模型和内生经济增长模型，在余命延长条件下分析基金积累制、名义账户制、现收现付制等养老保险制度类型对理性个体人力资本投资决策的影响，进而分析其对单个劳动力素质和整体劳动力供给质量结构的作用。

彭浩然等（2018）通过构建一个世代交叠模型，考虑公共教育与现收现付养老保险之间蕴含的代际转移关系对物质资本和人力资本积累的影响，研究了公共教育税率和养老保险缴费率对经济增长和养老金替代率的影响，指出公共教育税率与养老保险缴费率之间存在一个最优组合，可以同时实现经济增长和提高养老金替代率；提高养老保险缴费率会对经济增长产生不利影响，而养老保险缴费率与养老金替代率之间呈现明显的倒"U"型关系。

王云多（2019）运用世代交叠模型说明了不同代人之间在公共教育支出与公共养老金这两个再分配政策方面的本质区别，考察了人口老龄化对不同代人之间公共养老金与公共教育支出再分配和经济增长的影响。研究表明：预期寿命延长导致养老金支出占 GDP 比重不断提高；同时，这一现象伴随有公共教育支出占 GDP 比重下降。寿命延长产生一个初始增长，反过来导致经济呈倒"U"型增长模式。

2.2.3.6 基于世代交叠模型一般均衡分析的其他研究

近年来，基于世代交叠模型的一般均衡分析框架不仅受到养老金经济分析的重视，在其他一些领域的应用也逐渐广泛。由于世代交叠模型很好的微观基础，在有关个人决策、政府政策的福利效应分析等方面都是有力的分析工具。

（1）公共支出及财政政策。金成晓和张东敏（2016）在一个两部门经济中，探讨在不同目标设定下公共支出结构对最优税收选择及其经济效应的影响。闫先东和廖为鼎（2017）基于一个具有内生增长机制的三部门世代交叠模型，讨论了政府举债为公共投资进行融资时经济的长期均衡。王弟海等（2017）构建了一个具有生产部门的 OLG 模型，在考虑政府具有公共资本（或债务）的情况下，研究了经济的多重均衡和经济效率，并讨论了政府在经济中的作用。闫先东和廖为鼎（2019）基于一个包含中央政府、地方政府、家庭及企业四部门，具有内生增长机制的世代交叠模型，讨论了政府举债为基础设施投资进行融资时经济的长期均衡条件。

（2）教育投资与人力资本积累。舒元和才国伟（2007）建立了人力资本积累的世代交叠模型，重点研究了市场和公共教育体制下人力资本积累的内生决定以及教育融资体制改革问题。毛毅和冯根福（2012）从一个两期的世代交叠模型入手，分析验证了在家庭和社会两种养老模式共同作用下人口结构转变对家庭教育投资与经济增长的影响。王询和孟望生（2013）基于世代交叠模型视角，建立了人力资本投资和物质资本回报率的关系模型，得出人力资本投资与预期物质资本回报率呈反向变化关系，与国民消费偏好和人力资本的劳动量生成弹性呈正向变化关系。才国伟和刘剑雄（2014）通过构建教育投资的世代交叠模型，说明存在收入风险和融资约束时，居民选择的教育水平将会低于社会最优水平；政府的公共教育投资具有融资效应和保险效应。政府公共教育投资能够促进人力资本水平的提高，这种促进作用在收入风险较大、融资约束较强的国家效果会更为突出。王少国和潘恩阳（2017）根据社会再生产理论，建立世代交叠模型，对中等收入陷阱的产生机制做出理论解释，并运用中国 1998~2014 年各地区经济数据进行了验证。卢洪友和杜亦譞（2018）根据两期世代交叠模型，通过缩小贫富群体的生育率差距和人力资本差距，公共教育融资模式不仅能够缓解居民收入分配不平等程度，还有助于促进社会平均收入水平的提高。赵斌（2019）基于三部门的人力资本驱动 OLG 模型，利用 1995~2016 年、1998~2015 年两个时段的省级面板数据，探讨人力资本积累中的投资流量效应与老龄化存量效应对经济增长的影响。贾俊雪等（2021）构建了异质性居民代际交叠模型，考察了我国生育政策对经济增长、收入分配和社会养老保障负担的影响及其机制。

（3）人口老龄化。王云多（2013）分析了不同养老保险方案下外生和内生人力资本对福利的影响。龚锋、余锦亮（2015）探讨了人口老龄化、老年人商品税负担与财政可持续性的关系。邓翔、万春林、路征（2018）通过构建一个家庭行为决策的四期 OLG 局部均衡模型，从理论上探讨了人力资本和预期寿命对推迟生育的影响。龚锋、王昭、余锦亮（2019）从代际平衡的视角探讨人口老龄化对中国地方公共福利性支出的影响。王树、吕昭河（2019）运用引入代际转移系数的三期迭代模型证明预期寿命的延长会促进储蓄率的增加；少儿抚养比对我国居民储蓄具有负向影响，而老年抚养比则具有正向影响，收入的增加则会促进老年抚养比对储蓄率的正效应。张燕、袁晓强（2019）通过在 H-O 框架内构建跨期迭代模型，引入老年期存活率和人力资本投入，解释人口老龄化影响产品出口竞争优势的机理，发现人口老龄化与技术密集型产品出口竞争优势呈现典型的倒"U"型关系。方显仓、张卫峰（2019）从一个简约型 OLG 模型出发，推导了劳动者和退休者的动态消费方程，并结合生命周期投资理论，得出人口老龄化将削弱货币政策有效性的初步结论。

（4）生育决策与生育政策。李秀芳等（2017）通过建立扩展两期框架的 OLG 模型，引入古典主义的生产技术以及资本更新方程，探讨生育率和平均预期寿命变化对消费者消费、储蓄行为以及对未来工资和资本收益的影响。王维国等（2019）从生育率与预期寿命两个维度构建了世代交叠模型，探讨了人口年龄结构变动对经济增长的作用机制及其效应。黄志国等（2019）建立了在统账结合制养老保障下包含人力资本及资本折旧的利他主义者 OLG 模型，探讨了代际利他主义代表性消费者在生育率上升和平均预期寿命延长下的跨期决策及其对未来工资、人均产出和资本收益的影响。杨华磊等（2019）针对当前实际生育水平小于意愿生育水平小于政策生育水平的典型事实，构建家庭和社会生育决策模型进行理论阐述和机制探讨后发现：生育收益社会化下生育成本快速上升且主要由家庭承担引致的生育行为正外部性是家庭和社会生育目标不一致的主要原因。沈政等（2019）通过建立一个两期的 OLG 模型进行推理发现，生育保障水平越高，越有利于促进家庭生育。杨华磊和胡浩钰（2019）为解析当前家庭生育目标偏离且低于社会生育目标的典型事实，构建世代交叠模型并采用省级面板数据进行实证分析，发现表征为生育成本的教育支出和物价指数上升会显著降低家庭生育水平，表征为生育收益的社会养老保险对家庭生育水平的影响为负且不显著，表征为生育保障的生育保险支出占比增加会显著提高家庭生育水平。

（5）其他。其他的研究主题有经济动态效率及生产效率（张延，2010；

张斌和茅锐，2016；王刚等，2017；等等）、贫困问题（解雨巷，2019；等等），环境污染（闫先东，2019；等等）。

2.3　总结与述评

通过以上文献回顾，对我国公职人员养老保险制度改革的研究总结如下。

第一，国内有关研究兴起于 21 世纪初。在研究数量上有两次高峰时段：一是 2009 年；二是 2015 年。这两个高峰都发生在改革政策的发布之后，即 2008 年《事业单位工作人员养老保险制度改革试点方案》和 2015 年《国务院关于机关事业单位工作人员养老保险制度改革的决定》发布后。这也说明我国关于该主题的研究更偏重于政策及实践。另外，从文献来源的期刊类型来说，来源于核心期刊的文献数量相对较少，从一个侧面反映了我国有关公职人员养老保险改革的研究相对缺乏理论深度和影响力。

第二，在研究内容和研究逻辑上，大多数文献围绕"现状—问题—对策"进行定性研究，深入的理论分析相对较少。"并轨"改革实施以后，一些文献探讨了改革推进情况，但都比较零散，缺乏全国性、整体性的总结与分析。

第三，定量分析方面，并轨改革后一些文献对改革方案或新制度的收支状况、财务负担及替代率等进行了预测，主要运用了精算预测的方法。但数理经济学及计量经济学等现代经济学研究工具运用较少。

第四，使用世代交叠模型这一养老金经济学经典范式来进行公职人员养老保险制度改革研究的文献非常少。相对于 OLG 一般均衡分析在其他养老问题上数量众多的文献，公职人员养老问题方面的研究屈指可数。格伦（Glomn，2005）建立两部门雇员的世代交叠模型，在一般均衡分析框架下研究了降低"慷慨"的公职人员养老金水平对资本积累的影响，其模型设定给本书研究带来了启发。国内来看，江宇源（2014）在格伦模型的基础上，也建立了反映两部门雇员养老保障差异的 OLG 模型。不过，这两篇文献研究关注于公职人员养老金的"慷慨性"。格伦通过模型对巴西情况校准，数值模拟证明降低"慷慨度"有利于资本积累，从而促进经济增长。而江宇源则论证了提高公务员的养老金给付会对资本存量带来正的影响，且这个影响随劳动生产率年龄差异的增大而增大。另外，在养老保障制度上，格伦仅考察了现收现付制，江宇源仅设定了一个"确定缴费型的现收现付计划"①，二者的政策实验都局限于所设定的计划类型之内。

　　本书借鉴了格伦（2005）的模型设定，建立包含两类群体即公共部门与私人部门雇员的 OLG 模型，模型不再仅局限于现收现付制养老保险计划、内调整待遇水平的分析，而是引入基金积累制，考察参数性改革和体制性改革的经济效应。在政策实验上，也切合我国公职人员养老保险制度由现收现付制向部分积累制变革的现实，通过参数校准，模拟分析"并轨"改革的经济和福利效应。

---

　　① 江宇源的模型虽然针对中国情况进行校准，但其模型设定中的养老保险制度与中国实际并不相符。而且，研究中所考虑的"并轨"是指两部门在"确定缴费的现收现付制"下采取相等的缴费和待遇，这显然也与我国的改革现实不符。

第3章　公职人员及其养老保险制度

养老保险制度在不同群体间的分割，从根本来说是受不同群体间差异影响的结果。对公职人员实行有别于其他就业群体的养老保险制度，是由公职人员的特殊性决定的。因此，有必要在分析公职人员养老保险制度之前，明确公职人员的范围界定，分析公职人员的职业特点及其对养老保险制度设计的影响。

3.1　公职人员及其界定

3.1.1　"公职人员"的界定

公职人员虽然是当前频繁使用的概念，但是它既不像"公务员"那样在法律上有明确的定义，也不像"机关事业单位工作人员"那样有确切的统计口径。因此，关于公职人员的范围界定，并非存在一致的认知。

这里，我们先对我国当前存在的与"公职人员"相近的概念进行梳理。

（1）我国使用较早较广的"干部"称谓。在现代汉语中，"干部"一词有两个含义：一是国家机关、军队、人民团体中的公职人员（士兵、勤杂人员除外）；二是担任一定的领导或管理工作的人员。从外延看，干部大体分七类：政党机关干部、国家机关干部、军队干部、群团机关干部、国有企事业单位管理干部、专业技术干部和其他干部。虽然我国的干部（人事）制度中华人民共和国成立后便建立了，但是我国并没有一部统一的干部法律，

"干部"和"干部制度"也一直是政策用语和社会用语，而非法律用语。可见，干部的外延范围较大，也比较笼统。

（2）"国家工作人员"。我国《刑法》第九十三条规定："本法所称国家工作人员，是指国家机关中从事公务的人员。国有公司、企业、事业单位、人民团体中从事公务的人员和国家机关、国有公司、企业、事业单位委派到非国有公司、企业、事业单位、社会团体从事公务的人员以及其他依照法律从事公务的人员，以国家工作人员论。"从这个定义看，"国家工作人员"有广义和狭义之分，狭义概念指国家机关中从事公务的人员，广义概念指依照法律从事公务的人员。

（3）"公务员"。公务员制度的建立，是我国干部人事制度改革的重要成果，是对笼统的干部概念进行科学划分的一个重要方面。根据我国《公务员法》规定，公务员是指依法履行公职、纳入国家行政编制、由国家财政负担工资福利的工作人员。在具体分类上，公务员包括：国家主席和副主席，中国共产党机关、人大机关、行政机关、政协机关、审判机关、检察机关和民主党派机关的工作人员。

（4）"机关事业单位工作人员"。所谓国家机关，是指国家为行使其职能而设立的各种机构，是专司国家权力和国家管理职能的组织，包括中央和地方各级组织。从国家学说上讲，国家机关，即国家政权机关，它包括各级权力机关、行政机关、审判机关、检察机关和军队中的各级机关。在我国，公务员不像西方国家一样区分政务官（任期制公务员）和事务官（常任制公务员），而是对各级党政机关工作人员的统一称谓，因此，基本可以把机关工作人员等同于公务员。而"事业单位"作为我国特有的一种社会组织形式，在范围上则比较复杂。按照国务院的定义，事业单位是指"国家为了公益目的，由国家机关举办或者其他组织利用国有资产举办的，从事教育、科技、文化、卫生等活动的社会服务组织"①，但在活动范围上，经济领域的一些中介机构、协调性机构甚至部分生产经营性机构也是按"事业单位"体制进行组织和管理的。从行业分类上，我国事业单位涉及 25 个行业种类，可以说，

---

① 见国务院 1998 年 11 月公布的《事业单位登记管理暂行条例》。

事业单位几乎遍布社会的各个活动领域。20 世纪 80 年代后期以后，事业单位逐步形成了三种不同的财政支持形式：全额拨款事业单位、差额拨款事业单位和自筹自支事业单位。事业单位的经费支持方式对其养老保险制度模式有很大的影响，当前我国绝大部分自收自支事业单位工作人员已经参加了城镇企业职工基本养老保险制度，从而在养老保险制度上与机关和财政支持事业单位区分开来。

公职人员与以上四个概念，均有交叉关系，但又并非完全一致。从字面来看，公职人员是担任公共职务的人员，或者更确切地说，是在公共部门担任公职的人员。"公共部门"与"私人部门"对应，一般是指完全依靠或主要依靠公共财政资源提供公共产品及公共服务的组织。这样看来，公职人员包含于"干部"范畴，与"国家工作人员"概念接近，"机关"工作人员中的"公务员"是其核心构成部分，同时还包括财政支持公立"事业单位"从事公职的人员。

从具体范围上说，公职人员可以分两部分：一是《中华人民共和国公务员法》规定范围的各类公务员，包括党委、政府、人大、政协、法院、检察院及民主党派机关的工作人员，还包括军人及武装警察等。二是公立机构的教育工作者、医疗工作者、科技工作者等，他们由国家财政供款并承担相应的公共服务职责，共同的雇主是国家。[1] 在编制上，前一类人员为行政编制，后一类包括参公管理的事业编制及全额、差额事业编制。

需要指出的是，由于当前我国事业单位的复杂性和过渡性，公职人员中所包含的事业单位工作人员范围比较笼统。随着事业单位分类改革及其人事制度改革的推进，公职人员的范围界定应更为清晰。

3.1.2　公职人员队伍

我国公布的统计数据中并没有按公职人员口径统计的在职和退休人口总

---

[1]　郑功成：《中国社会保障改革与发展战略——理念、目标与行动方案》，人民出版社 2008 年版。

数及分年龄数据，只有按企业、事业、机关口径统计的相关数据。按照国家统计局的统计口径①，行政机关、事业单位和社会团体参照登记注册类型，主要按其经费来源和管理方式划分。行政机关包括国家机关和政党机关，原则上均列为"国有"，有特殊规定的，如供销社等，则列为"集体"。事业单位包括经国家机构编制部门和有关业务主管部门批准成立的各类事业单位，不包括实行企业化管理的事业单位。事业单位的划分办法如下：（1）由国家财政预算拨款或列入财政预算外资金管理以及经费主要来源于国有主管部门或国有上级单位的事业单位，列为"国有"。（2）经费主要来源于集体单位的事业单位，列为"集体"。（3）公民个人（或个人合伙）开办的事业单位，列为"私营"。（4）上述以外的其他事业单位，如果其经费来源不明确，按管理方式进行归类。社会团体包括经民政部门批准成立以及未纳入社会团体管理条例范围的工会、妇联等各类社会团体。社会团体的划分办法如下：（1）未纳入民政部社会团体管理条例范围的工会、妇联、共青团、青联、工商联、科协、侨联等社会团体，国家拨款设立的基金会或基金管理组织以及经费主要来源于国有业务主管部门或国有上级单位的社会团体，列为"国有"。（2）经费主要来源于集体单位的社会团体，列为"集体"。（3）公民个人（或个人合伙）开办的社会团体，划为"私营"。（4）上述以外的其他社会团体，如果其经费来源不明确，改按管理方式进行归类。

依据前面分析中给出的公职人员定义和国家统计局的统计口径，我们认为，机关和事业单位中属国有性质的，其在职人员基本上可以归类为公职人员。

表 3-1 显示了《中国人力资源和社会保障年鉴》公布的 2000～2017 年我国机关事业单位职工人数。按照前面的界定，2017 年我国公职人员人数为 4 580 万人。2019 年以后各年鉴不再使用相同的统计口径公布机关事业单位职工人数及构成。根据《中国劳动统计年鉴》（2021 年），2020 年我国事业单位从业人员数为 3 287 万人，机关从业人员数为 1 496 万人，但"从业人员"的统计口径显然是大于在岗职工人数的。

---

① 见国家统计局《中国统计年鉴》主要统计指标解释。

表 3 - 1　　　　　　　　　　　历年机关事业单位在岗职工人数

年份	事业单位				机关		机关事业单位		国有机关事业单位	
	合计（万人）	国有（万人）	集体（万人）	其他（万人）	合计（万人）	国有（万人）	总人数（万人）	增长率（%）	总人数（万人）	增长率（%）
2000	2 761	2 622	136	3	1 079	1 075	3 840	0.63	3 697	0.54
2001	2 758	2 617	137	4	1 080	1 075	3 838	- 0.05	3 692	- 0.14
2002	2 731	2 588	136	7	1 073	1 069	3 804	- 0.89	3 657	- 0.95
2003	2 724	2 582	132	10	1 072	1 068	3 796	- 0.21	3 650	- 0.19
2004	2 753	2 621	117	15	1 107	1 103	3 860	1.69	3 724	2.03
2005	2 806	2 678	110	19	1 111	1 108	3 917	1.48	3 786	1.66
2006	2 836	2 711	104	21	1 123	1 121	3 959	1.07	3 832	1.22
2007	2 864	2 736	102	26	1 138	1 136	4 002	1.09	3 872	1.04
2008	2 871	2 752	92	27	1 149	1 147	4 020	0.45	3 899	0.70
2009	2 867	2 759	80	27	1 161	1 159	4 028	0.20	3 918	0.49
2010	2 921	2 812	80	29	1 192	1 187	4 113	2.11	3 999	2.07
2011	3 096	2 972	83	41	1 263	1 255	4 359	5.98	4 227	5.70
2012	3 193	3 067	85	42	1 303	1 296	4 496	3.14	4 363	3.22
2013	3 184	3 062	84	38	1 316	1 314	4 500	0.09	4 376	0.30
2014	3 243	3 116	85	42	1 343	1 342	4 586	1.91	4 458	1.87
2015	3 250	3 128	79	43	1 379	1 377	4 629	0.94	4 505	1.05
2016	3 249	3 126	78	45	1 410	1 407	4 659	0.65	4 533	0.62
2017	3 242	3 120	79	42	1 462	1 460	4 704	0.97	4 580	1.04

资料来源：《中国人力资源和社会保障年鉴》（2018 年）。

3.2　公职人员的职业特点

虽然公职人员这一群体覆盖的行业范围非常广泛，但其职业特点有着相通之处，特别是相对于私人部门或企业职工来说，存在一系列特殊的职业特点。

3.2.1　雇佣关系的特殊性

公职人员的共同雇主是国家，其所供职的部门均由国家设立，经费来源于政府财政拨款。

公共组织依法管理社会公共事务，不以市场取向或利润、营利为存在的目的，其目标是谋取社会的公共利益，对社会与公众负责。因此，公职人员的岗位职责更具有使命感和公益性。这造成了公共部门和私人部门的工作动机的不同——市场组织（私人部门）中人们自然具有自私的动机，而在公共部门，人们势必要抑制这种动机，并产生更多"高尚"的东西，如参与公共事务、为公共利益服务的动机等。[①] 在我国，《公务员法》也规定了公务员"全心全意为人民服务"的义务。同时，公职人员，特别是公务员也被赋予了一定的公共权力，并具备一定的权威性和社会地位。布坎南认为，公职人员与私人部门雇员职责和动机的这种区别是客观存在的，因此要对公职人员实施特别的激励措施，鼓励那些具有公众精神的雇员和行为，并吸引动机高尚的人为政府工作，或是为他们的奉献精神做出奖赏或补偿。[②]

公职人员更有一种"终身雇佣"的倾向。公职人员的雇佣关系相对稳定，人员流动性远比企业职工小。在大多数国家，公共部门的劳动力市场通

---

① 史蒂文·凯尔曼（Steven Kelman，1987）曾经对美国公务人员的工作动机进行了调查。在1984年对联帮政府高级公务员的调查中，当受调查者被问到"以下这些因素到底在多大程度上促使你继续为政府工作"时，只有18%的人回答薪水高是很重要的原因，76%的人把在政府部门工作看作是一个参与公共事务的机会，因此而愿意为政府服务。另一项由管理学教授爱德华·劳勒（Edward Lawler）所做的调查显示，各个行业的工作人员对薪水的重要性是有不同看法的，工商企业的管理者比较看重薪金的高低，政府部门工作人员对此看得不那么重，而医院和社会服务机构工作人员则是最不看重薪金高低的。引自（英）简·埃里克·莱恩著：《公共部门：概念、模型与途径》，谭功荣等译，经济科学出版社2004年版。

② （英）简·埃里克·莱恩著：《公共部门：概念、模型与途径》，谭功荣等译，经济科学出版社2004年版。

常都有一定的"进入壁垒"，如一定的选拔考试或较严格的任职资格等。而就职者一旦成为公职人员，其"归属感"及与雇主之间的纽带通常比私人部门更强烈。同时，政府等公共组织也比私人部门雇主更强调雇员的忠诚度和服务的长期性。

另外，公职人员通常受到较严格的编制限制，其数量通常也相对稳定，如前面已经提到，我国 2000～2017 年公职人员队伍的年均增长率约 1.3%。

3.2.2　人力资本投资成本较大

一般认为，人力资本投资主要包括正规教育和在职培训，在职培训投资在计量上有一定的难度，并且在很多情况下不需要个人支付成本，因此通常用正规教育来计量个人的人力资本投资成本。整体上，公职人员的受教育程度高于私人部门雇员。这意味着，一方面，他们为教育所支付的实际成本较大；另一方面，由于正规教育时间较长，从而参加工作较晚，造成职业周期也较短，即获得在职收入的时间较短。一项美国的研究表明，专业和技术工作者的平均工作期间为 40 年，管理者和官员为 40 年，而农业劳动者和服务业工作者则分别为 51 年和 52 年。[①]

根据 2004 年的经济普查数据，我国企业、事业和机关单位中就业者受教育程度为大专及以上的比重分别是 16.4%，57.0% 和 68.6%，机关、事业分别是企业的 4.2 倍和 3.5 倍，图 3-1 说明了三个部门职工在受教育程度构成上的差异。可见，整体来看，机关事业单位工作人员就业之前在人力资本上的投资要远远大于企业职工。这一方面使得他们延迟了参加工作、取得收入的时间，另一方面，在高等教育产业化的环境下，他们所支付的实际成本也要大得多。

---

① 这些数据是研究者（A. J. 贾菲和 R. O. 卡尔顿）对美国就业者 1930 年、1940 年、1950 年的观察研究得到的。引自〔美〕雅各布·明塞尔：《人力资本研究》，张凤林译，中国经济出版社 2001 年版。

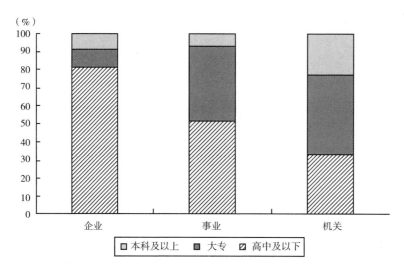

图 3 – 1　企业、事业、机关职工的受教育程度

资料来源：根据《中国经济普查年鉴》（2004 年）数据计算。

3.2.3　薪酬制度的特殊性

我国公务员实行"职务级别工资制"，工资由职务工资、级别工资、基础工资和工龄工资四部分构成。其中，职务工资和级别工资是主体部分，分别划分为若干档次，国家规定每个档次的工资标准。各职务、级别均执行相同基础工资，工龄工资每年增加1元，到退休截止。事业单位工作人员工资主要包括职务工资和津贴两部分，前者是"固定"部分，按照工作人员职务确定；后者是"活的部分"，在考核的基础上按照工作的数量和质量实行多劳多得的原则。机关与事业单位工资都建立了"正常增长机制"，机关工作人员可以在通过定期考核的情况下定期晋升职务工资和级别工资。同时，国家规定的职务、级别工资标准根据国民经济、企业工资以及城镇居民生活费用的增长幅度每两年进行定期适当调整。事业单位的专业技术职务工资和职员职务工资也建立相应的考核增长机制。

显然，在这样的薪酬制度下，机关和事业单位工作人员的工资在其工作期间将表现出稳定增长的倾向。不管是制度上还是实践中，工作年限是职务、级别的重要决定因素，而且职务和级别的高度一般不会下降①。同样的，事业单位工作人员的职务工资也有类似的特点。而企业职工的工资则更多地与生产效率挂钩，一方面，波动性较大；另一方面，随着年龄增大，业绩下滑，其工资水平也将有一定程度的下降。因此，从整体来讲，企业人员的工资在其工作期内更可能表现出先增后降的趋势，至少在达到一定年龄后工资增长趋缓，尤其是那些偏重于体力性或操作技能的岗位。因此，在两类群体平均工资相当的情况下，机关事业单位工作人员的退休前工资水平显然要比企业部门高。

3.3　公职人员职业特点对其养老保险制度的影响

由于公职人员职业特点的特殊性，决定了其养老保险制度也存在一些有别于私人部门雇员的内在特性。主要表现在以下几个方面。

3.3.1　养老金更倾向于延续报酬

关于如何看待员工养老金的基本属性或功能，公共部门或私人部门的雇主是存在差别的。艾克布兰德（Ekebrand，1997）指出，对养老金价值判断的基本取向有两个：一是"推迟支付"（deferred earnings）②；二是"延续报酬"（extended earnings）③。"推迟支付"是指将原本应当在就业期间提供的工资报酬的一部分，推迟到退休以后以养老金待遇的形式给付，它通常作为政府鼓励养老金计划的一种手段，受到税收优惠政策的扶持。而在"延续报酬"的价值取向下，雇员的退休期被当作工作期的延续，虽然离开岗位，但雇主仍然提供水平相当或稍有降低的待遇。这个关于养老金的价值判断，又

---

① 按照规定对个别表现差或不能坚持正常工作的人员，可适当低定职务工资档次。

② 中文文献中一般称为"延期支付"。这里为了和"延续报酬"更明确地区分，用"推迟支付"的概念。

③ Civil service pension schemes. Sigma Paper, No. 10, 1997.

取决于对公职人员地位、对雇佣关系的价值判断。政府是否认同它应当为其雇员的待遇负长期的责任？是否期望雇员将在公共部门的工作视为终身职业？如果是这样，那么养老金就隐含地被看作一种延续的报酬。相反，如果雇主认为雇佣关系是暂时性的，至少不是终身性的，而它对雇员收入的责任只限于雇员为其服务的期间，那么，养老金的功能就更多地被看作一种推迟支付。对于私人部门养老金计划来说，雇主提供的养老金在功能上就是一种推迟支付。而在公共部门，很多国家都或多或少地存在着对其雇员，尤其是较高级别公务员的"终身待遇"现象。

　　在政府对公职人员养老金价值判断的问题上，我国现行制度显然是偏向于"延续报酬"的。事实上，公职人员，尤其是一些"领导干部"，其"待遇终身制"现象在我国具有相当的普遍性。一方面，退休金制度是以最后工资为计发基础的，而最后工资一般是公共部门雇员职业生涯期间的最高工资水平，同时计发比例也是比较高的。另一方面，在养老保险制度之外，还存在另一种特殊形式的退休待遇，那就是公职人员的各种"补贴"。"补贴"虽然不是我国机关事业单位职级工资制度所包含的法定部分，但事实上在公职人员在职收入中占有相当的比例，包括地区生活费补贴、粮价补贴、副食品价格补贴、交通补贴、取暖费补贴等项目。公职人员退休以后，很多单位对一些补贴项目仍然按退休前的水平发给，甚至会增设专项的退休补贴项目。因此，对我国公职人员来说，其养老保障实际上包括制度内退休金与制度外补贴两个部分。由单位发给的补贴完全是一种"延续报酬"，体现公职人员职位的特殊性。正因为有这部分象征"延续报酬"的退休补贴的存在，在重新考虑我国公共部门的养老保险制度设计时，就有了更多与其他社会成员养老金相整合的余地。当然，这种退休补贴并不是法定的，也并不是所有的公职人员均可以提供，金额水平根据单位的具体情况也会有较大差异。

3.3.2　养老保险制度筹资来源于国家财政

　　在大多数情况下，公职人员养老保险制度资金来源的唯一渠道就是财政收入。公职人员只是社会成员的一个较小部分，其养老金支付对财政支出的压力，相对于整个国民养老保险制度的支付压力来说，毕竟要小得多。因此，只要国家财政不发生危机，无论公职人员养老保险制度采取什么样的筹资模式，"破产"的可能性基本上都是不存在的。而也正是由于来源于财政收入的原因，公职人员养老保险制度本身的财务可持续性往往并不受到人们太多的关注——至少关注的程度远低于国民养老保障制度及企业职工的养老金计划。

另外，对于公职人员养老保险制度来说，养老保障责任向雇主和个人转移，对降低国家财政负担并没有实际的意义，这一点不同于企业。首先，"雇主"就是政府本身，而对于其他公共组织来说，由于经费来源于财政拨款，因此，政府在负担责任上没有本质区别。其次，对于公职人员个人来说，其在职收入也是来源于财政的。所以，筹资来源、责任分担方式这些对于企业养老保险制度设计来说十分关键的因素，对于公职人员养老保险制度来讲，在财政上并不会产生太多实质性的影响。也正是因为这个原因，公职人员养老保险制度筹资方式与责任分担方式方面的改革，在财政方面的紧迫性往往不如国民养老保险制度那样突出。

3.3.3　能提供较为优越的养老保障

出于公职人员职业雇佣关系的特殊性，以及经费来源于国家财政的特点，各国政府通常会为公职人员提供更为优越的福利保障，一方面是对其职业岗位公益性、无私性的一种弥补或褒奖；另一方面也是吸引公职人员"终身服务"的一个重要手段。这种福利制度的优越性在养老保障方面主要有两个体现。一是公职人员要早于企业雇员而受到养老保障，即公职人员的养老保障制度建立较早；二是公职人员的养老待遇水平往往比私人部门雇员更为优厚。

第4章　我国公职人员养老
保险制度及其改革

公与私作为科学问题提出来，是市场经济的必然，市场经济造就了公共领域与私人领域、公共部门与私人部门①。在我国传统的计划经济体制下，公有制经济长期一统天下，因此，没有明显的公与私的分别和对立，养老保险制度自然也就不存在公、私部门之间的分割现象。随着市场经济的运行，我国经济体制逐渐从单一的公有制经济转向混合经济，这才有了严格意义上"公共部门"和"私人部门"的分别。企业的经营体制在逐步转变，原来实行的退休金制度日益暴露出众多弊端，面临着"不得不改"的局面，我国城镇企业养老保险制度的改革正是在这种情况下发生的。随着改革的逐步深入，两类职工群体的养老保险制度日益分离，形成了泾渭分明的城镇职工养老保险制度企业与机关事业单位分离的"双轨制"体系。本章首先回顾我国机关事业单位与企业养老保险制度的不同发展历程，即我国城镇养老保险制度"双轨制"体系的形成过程，总结"并轨"改革前机关事业单位养老保险制度的特点和问题；其次总结"并轨"改革的内容、改革的进展及存在的问题。

4.1　我国城镇职工养老保险"双轨制"的形成

新中国成立至今，我国企业和机关事业单位的养老保险制度经历了先分

---

① （英）简·埃里克·莱恩：《公共部门：概念、模型与途径》，谭功荣等译，经济科学出版社2004年版。

又合、再分又合的过程。看待我国城镇职工两类群体养老保险制度不统一的问题，除了要看分离的发展过程，也要从深层次上分析分离产生的背景和原因。

4.1.1 机关事业单位养老保险制度的历史回顾

新中国成立之初，我国就对"机关事业单位"的退休管理进行了规定，表现为1950年3月由政务院颁布《中央人民政府政务院财政经济委员会关于退休人员处理办法的通知》，该办法适用于当时的党政机关，以及海关、铁路、邮电等单位中实行工资制的工作人员，而且是一次性给付退休待遇。

1955年12月，国务院制定颁发了《国家机关工作人员退休处理暂行办法》，将一次性发放的退休金改为按月发放，干部待遇也有了较大幅度提高。该暂行办法规定退休待遇标准根据工作年限的长短来确定：工龄不满10年，发给本人工资的50%；工龄在10～15年之间，发给本人工资的60%，其中工作年限超过15年或工作年限满10年因公致疾丧失工作能力的，发给本人工资的70%。

1958年3月，国务院公布了《关于工人、职员退职处理的暂行规定》，将机关事业单位干部的退休办法与企业职工的退休办法统一了起来。退休条件为：男60岁，女55岁，连续工龄5年以上，一般工龄15年以上。待遇标准根据退休前工龄的长短分40%、50%、60%三个档次。对于工龄超过20年，因健康原因提前退休的干部，退休金标准提高到70%。对于不符合退休条件的自动退职者，按工龄长短发给1～30个月的一次性退职金。

1978年6月，经全国人民代表大会常务委员会批准，国务院同时颁发了《国务院关于安置老弱病残干部的暂行办法》和《国务院关于工人退休、退职的暂行办法》，从1958年起施行的干部、职工统一的退休、退职办法，重新分成两个不同的制度。前一个文件根据"文化大革命"后的需要，对1958年规定的干部退休年龄、工龄和待遇水平进行一些调整，但基本制度框架和内容没有大的变化。此外，增加了一种较高的退休待遇——离休，主要适用于中华人民共和国成立以前参加过新政权筹建工作的人员。

1993 年，政府根据改革开放以来变化了的情况，对多年来统一的行政、事业单位工资制度进行改革，形成政府公务员的职务级别工资系列，以及事业单位的专业技术职务等级工资系列两种不同的工资制度。工资制度改革后，形成了机关和事业单位工作人员在养老金标准上的不同计费基数。同时为政府公务员增加了一项"30 年工龄可以提前退休"的制度规定。

4.1.2　企业职工养老保险制度的改革历程

4.1.2.1　20 世纪 80 年代中期以前的传统体制

20 世纪 80 年代中期以前，企业养老保险制度是一种国有经济范围内由国家财政对国有企业实行统收统支的大统筹制度。养老金筹集模式为现收现付制，养老金在企业（单位）营业外项目列支，职工个人不承担缴费义务。这一时期的企业养老保险制度与机关事业单位基本一致。

4.1.2.2　20 世纪 80 年代中期以后到 90 年代初的社会统筹体制

1984 年 10 月，党的十二届三中全会发布《中共中央关于经济体制改革的决定》，国有企业改革全面展开，开始独立核算、自负盈亏。国有企业之间过去的大统筹关系开始瓦解，新老企业养老负担不均，老企业退休职工养老责任过重。为解决这些问题，一些市、县开始进行养老金"社会统筹"试点，即在统筹区域内的企业之间，按照"以支定收，略有结余"的原则，确定养老金的支出比例，由政府规定的部门（多为劳动部门）负责养老金的统一收缴、发放。

1991 年 6 月，在这些地区试点的基础上，国务院发布了《关于企业职工养老保险制度改革的决定》，明确宣布实行养老保险社会统筹，并开始在全国范围内逐步推行，统筹层次大多集中在市、县两级。

4.1.2.3　1993 年以来的"社会统筹与个人账户相结合"制度

1993 年，党的十四届三中全会《关于建立社会主义市场经济体制若干问题的决定》中明确提出，要对企业职工养老保险制度进行改革，实施"社会统筹与个人账户结合"的体制。这一制度的基本目标是要将养老金的筹资模式从现收现付改为部分积累，以应对日益严峻的老龄化问题。同时，通过建立个人账户，引入个人承担责任的机制，强化对劳动者个体参加养老保险的激励和约束。

1995年3月，国务院发布《关于深化企业职工养老保险制度改革的通知》，开始在全国范围内推进"统账结合"的养老保险体制改革。但当时由于地区和部门间的差异和意见分歧，同时提供了两套不同的具体操作方案。

1997年7月，在总结改革经验的基础上，国务院发布了《关于建立统一的企业职工基本养老保险制度的决定》（以下简称《建立统一制度的决定》），提出建立统一的城镇职工养老保险制度，两套方案向统一的方案过渡。其内容是：全国统一按职工工资的11%建立个人账户，其中个人缴费逐步从4%提高到8%，其余部分由企业缴费划入。企业缴费率由省级人民政府确定，一般不得超过企业工资总额的20%。《建立统一制度的决定》实施后参加工作的职工——"新人"退休后，养老金支付分为两部分：一是按当地年平均工资20%支付的基础养老金；二是根据累计储存额的1/120按月支付的个人账户养老金。《建立统一制度的决定》实施前参加工作、实施后退休的职工——"中人"退休后，在发给基础养老金和个人账户养老金的基础上，再按缴费前的工作年限，另外增发过渡性养老金。已退休职工的养老金仍按过去的标准由企业缴费形成的社会统筹部分解决。《建立统一制度的决定》还提出了其他一些要求，如对养老资金的管理实行收支两条线；逐步实现养老金的社会化发放；逐步实施省级统筹等。

1998年8月，国务院发布《关于实行企业职工基本养老保险省级统筹和行业统筹移交地方管理有关问题的通知》，主要内容包括：将原来11个行业的行业内养老统筹移交给地方（省、自治区、直辖市）管理；提高统筹层次，实施省级统筹；养老金的差额缴拨改为全额缴拨，并实施养老金社会化发放。

2005年12月3日，国务院正式颁布《国务院关于完善企业职工基本养老保险制度的决定》，这一文件被社会各界简称为"养老新政"。针对城镇企业职工基本养老保险覆盖范围低、个人账户空账、计发方法的不合理等问题，养老新政提出了一系列改进措施，主要内容包括：（1）扩大覆盖范围。规定城镇个体工商户和灵活就业人员参加基本养老保险的缴费基数为当地上年度在岗职工平均工资，缴费比例为 20%，其中 8% 记入个人账户，退休后按企业职工基本养老金计发办法计发基本养老金。（2）逐步做实个人账户。2006 年 1 月 1 日起，个人账户的规模统一由本人缴费工资的 11% 调整为 8%，全部由个人缴费形成，原本由单位缴纳、打入个人账户的 3% 转而注入统筹基金；个人账户资金不得再行挪用。（3）改革基本养老金计发办法，规定 1997 年发布的《建立统一制度的决定》实施后参加工作、缴费年限（含视同缴费年限，下同）累计满 15 年的人员，退休后按月发给基本养老金。基本养老金由基础养老金和个人账户养老金组成。退休时的基础养老金月标准以当地上年度在岗职工月平均工资和本人指数化月平均缴费工资的平均值为基数，缴费每满 1 年发给 1%。个人账户养老金月标准为个人账户储存额除以计发月数，计发月数根据职工退休时城镇人口平均预期寿命、本人退休年龄、利息等因素确定。1997 年发布的《建立统一制度的决定》实施前参加工作，2005 年养老新政实施后退休且缴费年限累计满 15 年的人员，在发给基础养老金和个人账户养老金的基础上，再发给过渡性养老金。2006 年以后到达退休年龄但缴费年限累计不满 15 年的人员，不发给基础养老金；个人账户储存额一次性支付给本人，终止基本养老保险关系。2006 年以前已经离退休的人员，仍按国家原来的规定发给基本养老金，同时执行基本养老金调整办法。（4）建立基本养老金正常调整机制。规定适时调整企业退休人员基本养老金水平，调整幅度为省、自治区、直辖市当地企业在岗职工平均工资年增长率的一定比例。（5）提高统筹层次。（6）进一步发展企业年金，完善多层次养老保险体系等。

　　可见，我国企业职工养老保险制度是 1991 年开始改革、1997 年确立、2005 年修订的，而这一时期机关事业单位仍基本延续着 1958 年规定的退休金制度。可以说，这种两部门制度的分离情况是从 20 世纪 90 年代以后逐步开始的，下面我们进一步分析"分离"发生，也就是"双轨制"形成的背景。

4.1.3　养老保险"双轨制"形成的背景

如前所述，我国于 1958 年统一了"干部"与"工人"退休费用计发规定，采取全国统筹的做法。当时，各个企业要将所提取退休基金的 30% 上缴全国总工会，用于全国范围内的退休费用调剂。但是，这一制度在"文化大革命"期间因工会组织的撤销而遭到破坏。1969 年，财政部下发《关于国营企业财务工作中几项制度的改革意见（草案）》，规定国营企业停止提取社会保险基金，企业的退休费用等社会保险开支改在营业外支出列支，实报实销。由于当时国企与国家在利润分配上属于"统收统支"模式，企业利润基本全部上缴财政，所需资金再由财政拨款解决。因此，这对当时的国企的利益来说并没有太多实质性影响。但是，经济体制改革开始以后，国家为了扩大国有企业的自主权，搞活国有经济，先后于 1983 年和 1984 年进行了两步"利改税"，即由原先向国家上缴利润改为上缴所得税，企业的税后利润再通过各种形式在国家与企业之间进行分配。利改税以后，国有企业的退休金不再由财政划拨，而是由企业留利解决。这样，新、老国有企业之间就不可避免地产生了退休负担畸轻畸重的现象，直接影响了国家搞活国有企业的改革目标。

另外，我国原有的社会养老保险制度具有明显的所有制色彩。在原来的计划经济体制下，与片面强调全民所有制经济形式的单一型所有制结构相对应，我国的社会养老保险制度主要建立在国有经济之上。城镇劳动人口中，国有企业职工可享受较高的退休待遇，区县以上的大集体所有制企业比照国有企业向职工提供退休待遇，但较多地依赖于企业自身的经济力量。而区县以下的小集体企业职工则基本被排除在社会养老保险体制之外。这样，城镇职工的社会养老保险待遇在不同所有制之间就形成了一个明显的阶梯式格局。经济体制改革之后，国家提倡大力发展非国有经济，建立多元所有制结构，在这种情况下，原来的覆盖面单一的社会养老保险制度就与经济发展不相适应了[①]。

企业养老保险制度的改革，就是在这种新经济体制下原退休金的不适应

---

① 朱青：《养老保险制度的经济分析与运作分析》，北京：中国人民大学出版社 2002 年版。

问题的背景下开始的。而对于当时的机关事业单位来说，虽然随着经济体制改革的深入，也面临着体制改革的问题，但是整体来说，机关事业单位的机制改革要远远滞后于企业，改革的幅度和深度也不大。同时，随着改革的深入，企业分化、兼并、重组乃至破产不断发生，企业人员的流动、下岗乃至失业逐渐成为常态，尽快建立和完善企业，特别是国有企业的养老保障制度成为紧迫的甚至是"十万火急"的任务。相对地，机关事业单位不管是单位，还是岗位及人员方面都稳定得多，因而不存在这种养老保险制度改革的紧迫性，具备延迟考虑的条件和可能。因此，虽然早在 20 世纪 90 年代就提出了机关事业单位养老保险制度改革问题，但实质的、全国性的改革却迟迟没有真正启动。

4.1.4　改革前机关事业单位退休金制度的特点

"并轨"改革前，我国机关事业单位执行的是非缴费性的退休金制度。这里着眼于与城镇企业职工基本养老保险制度的区别来总结机关事业单位原退休金制度的特点。两类城镇职工群体养老保险制度的差异主要表现在以下几个方面。

（1）基本体制模式不同。机关事业单位退休金制度在筹资模式上采取现收现付制，在计划类型上采取待遇确定制。公职人员退休金全部由这一制度提供，即仍是单一制度，没有建立多层次养老金体系。而企业职工则受多层次养老金体系覆盖，其中基本养老保险制度采取社会统筹与个人账户相结合的模式，社会统筹采取待遇确定的现收现付制，个人账户则采取缴费确定的基金积累制。企业雇员同时参加自愿性的企业年金，作为养老金体系的第二层次。该层次同个人账户一样，采取缴费确定的基金积累制。

（2）责任分担方式不同。公职人员养老金支出全部来自政府财政，并且，根据当期实际支付需要从财政列支。同时，个人在职期间不需要缴纳任何养老金的税费。因此，公职人员养老保险制度的费用完全由政府负担。而企业职工的基本养老保险金分为基础养老金和个人账户养老金两部分。基础养老金来源于社会统筹基金，由企业缴费积累形成；个人账户养老金则来自个人在职期间缴费（2006 年之前含有雇主缴费）的累积；作为补充养老保险的企业年金，一般由单位和个人共同缴费形成基金。政府对于各层次养老保险制度均不承担具体的注资责任。但在转轨时期，当社会统筹账户基金不足以支付当期基础养老金时，由各级财政拨付兜底。因此，企业职工养老保险制度采取的是个人、单位和国家三方共担责任的原则。

（3）待遇标准不同。公职人员退休后的养老金领取标准，以个人退休前最后一个月的工资为依据。机关工作人员的退休金中，基础工资和工龄工资全额发给，职务工资和级别工资按一定比例计发；事业单位工作人员按职务工资和津贴的一定比例计发。具体计发比例按照工龄长短来确定，见表 4 – 1。

表 4 – 1 改革前机关事业单位退休金给付比例

机关 （按职务工资和级别工资）		事业单位 （按职务工资和津贴）	
工龄	比例（%）	工龄	比例（%）
10 ~ 20 年	60	10 ~ 20 年	70
20 ~ 30 年	75	20 ~ 30 年	80
30 ~ 35 年	82	30 ~ 35 年	85
35 年以上	88	35 年以上	90

资料来源：根据有关政策整理。

企业职工的基础养老金，以退休前一年的社会平均工资和个人指数化缴费工资的平均数为计发基数（2006 年 1 月 1 日以前的规定是以社会平均工资为基数，与个人工资无关），缴费 15 年以上的，每工作一年得到 1%，缴费不足 15 年的，没有基础养老金。个人账户养老金和企业年金支付的养老金则由缴费额和投资收益水平决定，不设定最低保证。

（4）管理体制不同。公职人员养老保险制度实行传统的"单位"管理模式，各机关事业单位基本上都设立专门机构，负责本单位离退休人员的管理工作。这种管理方式与企业改革前的方式相同，属于"单位保险"而非"社会保险"。相对应地，企业职工基本养老保险制度采取社会统筹管理，统筹层次随着改革的深入也在逐步提高。

4.2　"双轨制"的弊端分析

虽然我国机关事业单位与企业养老保险制度的分离有一定的形成背景及合理性，但是，机关事业单位养老保险制度改革的滞后在时间和空间上都应当有一定的限度。随着经济环境的变化及养老保障体系改革的深入，产生于计划经济时代的传统退休金制度日益暴露出不可忽视的弊端：一方面，城镇内部实行两套养老金体制，这种养老保险制度的分裂存在弊端；另一方面，机关事业单位退休金制度本身也存在一些问题和隐患。

4.2.1　城镇"双轨制"养老保险体系的弊端

城镇"双轨制"养老保险体系的弊端具体有以下几个方面。

（1）阻碍了人才在不同就业领域之间的自由流动，不利于统一劳动力市场的建立。由于机关事业单位与企业在养老保险制度上存在着很大差别，当劳动者从企业转移到机关事业单位，或从机关事业单位转移到企业工作时，其养老保险待遇却难以进行相应的转换和衔接，阻碍了人才自由流动，进而对统一劳动力市场的建立产生了不利影响。例如，从技术角度看，机关事业单位的养老制度是没有个人账户的，但是企业养老保险制度中却存在。如果一个劳动者从机关事业单位流动到企业，与一直在企业中工作的人相比，退休后养老金就会不同。如果严格执行企业养老保险制度，自进入企业时才开始建立个人账户，那么，退休时其个人账户养老金的积累数额肯定比早进入企业的同龄人要少，最后的全部养老金可能会低于企业同龄职工。当然，更加现实的阻力是机关事业单位退休人员养老金水平与企业养老金水平的突出差异。机关事业单位的养老金是一种潜在的承诺，只有当个人退休时才能够"变现"，如果提前离职，则无法确定其过往工作所对应的养老金权益，更无法取出或转移到企业部门。从机关事业单位流向企业，必然意味着未来养老金待遇的明显损失。反过来，从企业向机关事业单位流动，其个人账户所积累资金如何转移等也是不易解决的问题。

（2）不利于机关事业单位体制改革的推行。机关事业单位的机构和体制改革，如公务员实行辞退制，部分事业单位转为企业，事业单位实行全员聘用制等，这些措施都需要与相应的养老保险制度配套。但由于机关事业单位养老保险改革滞后，出现了工作转换人员的养老保险关系难以接续、养老保险待遇不平衡等问题。这就直接影响了机关事业单位改革的顺利进行。

（3）养老待遇差距及不公平问题。长期以来，"双轨制"造成的养老待遇差距问题引起了企业在职及退休职工的强烈不满。特别是进入21世纪以来，随着从机关事业单位调到企业的管理人员逐年增多，关于城镇离退休人员待遇不平衡方面的信访案件也逐年增加，有关方面的反映也越来越强烈。据统计，劳动保障部门受理的这类信访案件，由1999年的4 100多件增加到2003年的7 100多件；2002~2004年，全国人大和政协关于养老保险制度改革方面的建议、提案分别为167件、101件、118件，其中分别有72%、39%、45%是反映养老保险待遇水平差距问题的①。如果不解决制度设计上的不公平，使劳动者只是因为所处社会组织的不同，在养老金方面的负担和待遇就不同，则势必加剧因收入差距拉大而产生的不满情绪，导致社会的不稳定。

4.2.2 改革前机关事业单位退休金制度的缺陷

除因两套养老金体系并存带来的问题外，机关事业单位原退休金制度本身也有突出缺陷。如前所述，"并轨"改革前，机关事业单位退休金制度虽然对退休条件、享受标准等进行了多次调整，但是基本的制度框架和内容没有太大变化，从基本模式上讲仍然是资金现收现付的待遇确定型体系，而且仍以具体单位作为实施主体。这种制度有其管理简便的优点，但弊端也相当突出。

（1）养老金支出的财政压力日益沉重。机关事业单位退休人员的退休金，由政府根据支出的需要，从当期财政收入中划拨资金来全额支付，没有专门的养老金基金，甚至在财政部门也没有专门的预算科目。这种"现收现

---

① 赵志刚、祖海芹：《从福利刚性看我国养老保险制度改革》，载《中国劳动》2005年第7期。

付"的养老金资金运作模式，在机关事业单位离退休人员较少的情况下尚可顺利实施。但随着机关事业单位人员规模的逐步扩大以及人员老龄化程度的加剧，退休人员的数量越来越多，从而使得各级财政用于机关事业单位养老金支出的负担越来越重。

现行财政体制使得部分地区的养老金负担问题更为突出，甚至形成了少量养老金拖欠问题。在目前各级地方政府"分灶吃饭"的财政体制下，由于经济发展水平的差异，不同地方的实际财力也相差很大。由于机关事业单位的养老金支出来自地方财政拨款，因此，不少经济落后地区的机关事业单位离退休人员迅速增长的养老金已经对地方财政形成了很大压力，个别地区的养老金甚至还不能及时发放，并由此引发了一些矛盾。

（2）养老金待遇计发方式不合理带来了诸多问题。按照机关事业单位退休金计发方式，退休金计算基数是其退休前最后一个月的标准工资。这种做法明显不合理，并带来了进一步的问题。一是以最后一个月的标准工资为计算基数，不容易完全体现职工在职工作时的实际贡献，还容易出现退休前突击提级、涨工资等弊端。二是由于机关事业单位标准工资是由国家统一规定的，且个人工资普遍只升不降，至退休前达到最高，所以以退休前最后一个月的标准工资作为计算基数，必然会形成实际替代率过高问题。三是没有建立规范的增长机制。按照有关规定，机关事业单位退休人员的退休待遇随在职人员工资同步调整，而国际上的通行做法是将养老金增长与物价挂钩。这也是机关事业单位退休金增长过快的重要原因之一。四是只规定以最后一个月的标准工资为养老金计算基数，但并没有明确在职期间标准工资以外部分特别是单位自行补贴部分的处理方式，而是由各单位自行掌握。其结果是，一些单位严格按照退休前标准工资及法定比例发放，进而形成退休后养老金与在职时实际收入的差距较大，名义替代率高而实际替代率低的现象；还有的单位则将标准工资外的工资和补贴部分也如数发放，致使退休金水平及实际替代率极高，也形成了不同单位间退休人员的养老金差距和不公平现象。

此外，只通过工龄和退休前标准工资计算养老金，且个人在职期间不需缴纳任何费用的制度，也存在激励不足且导致职工自我保障意识淡薄的问题。

（3）以单位作为制度实施主体，导致养老金管理成本过高。对企业养老保险制度进行改革的一个重要初衷是为了改变"企业办社会"的沉重管理负担，解除后顾之忧，从而成为真正的市场主体。在征收与发放的社会化管理中，企业退休人员逐步摆脱对原单位的依赖，以社区为基础的社会化管理服务机制开始形成。与"单位管理"相比较，整个制度的管理成本有了大幅度下降。而机关事业单位退休人员在改革前由原单位负责发放养老金并提供各种服务。由于机关事业单位退（离）休人员数量增长非常快，机关事业单位中从事退（离）休人员的养老金发放及管理、服务工作的人员和机构迅速膨胀。这种"机关事业单位办社会"的模式不仅大大增加了管理成本，对机关事业单位的工作效率也有不利影响。

4.3　机关事业单位养老保险制度的试点改革

早在 20 世纪 90 年代初，也就是企业养老保险制度开始改革之时，我国政府就考虑了机关事业单位养老保险制度的改革问题。1991 年国务院发布的《关于企业职工养老保险制度改革的决定》提出国家机关和事业单位养老保险制度改革由人事部负责。1992 年 1 月，原人事部发布了《关于机关事业单位养老保险制度改革有关问题的通知》，提出要逐步改变机关事业单位退休金现收现付、全部由国家包下来的做法，本着既要保证经济的发展也要有适当积累的思想，统筹安排养老保险基金。1993 年 12 月，原人事部又提出了改革的一些原则性要求，比如机关事业单位保险基金筹集和使用要体现权利、义务和强制性相结合；保障责任由国家、单位和个人共同负担；社会保障行政管理与基金经营要分开；要加紧研究建立机关特别是国家公务员的社会保险制度等。在上述精神的指导下，特别是 1995 年发布《国务院关于深化企业职工养老保险制度改革的通知》后，很多地区都开展了机关事业单位养老保险制度的改革探索。这些改革均由各地自行实施，没有自上而下地制定统一政策。

2008 年 3 月，国务院通过了《事业单位工作人员养老保险制度改革试点方案》，确定在山西、上海、浙江、广东、重庆 5 省市先期开展试点，与事业单位分类改革配套推进。这是有关公职人员养老保险制度改革的第一个国家统一方案。该方案提出对事业单位的基本养老保险制度应与企业职工一致，即实行统账结合制度，统筹账户与个人账户的缴费、支付等办法与企业一致。同时，对"老人"老办法、"新人"新办法、"中人"过渡性办法的原则也与企业一致。不过，该方案并未对"中人"的过渡性养老金制定统一的计发方案，而是提出由各地根据具体情况制定。另外，该方案也提出对事业单位职工建立作为补充养老保险制度的职业年金，但未提出具体的职业年金设计方案。

可以说，在 2015 年国务院发布《关于机关事业单位基本养老保险改革的决定》宣布推行全国范围的"并轨"改革之前，我国已有相当范围的地区进行了机关事业单位养老保险制度的试点改革探索。试点方案虽然并不统一，但整体上遵循了与企业职工养老保险制度一脉相承的统账结合、责任共担、社会化发放和管理的改革方向。根据《中国人力资源和社会保障年鉴》，截至"并轨"改革前的 2014 年底，全国参加试点改革的机关事业单位职工共 1 598.7 万人，占全国机关事业单位职工人数的比例为 34.86%；2014 年机关事业单位养老保险基金收入 2 004.2 亿元，养老金支出 1 907.4 亿元，累计结余 1 173.7 亿元。

4.3.1　试点改革的范围及内容

机关事业单位养老保险制度改革的地区性政策最早出现于 20 世纪 90 年代中期，如福建省于 1994 年发布《福建省机关事业单位工作人员退休养老保险暂行规定》、湖南省于 1996 年发布《湖南省机关事业单位养老保险制度改革办法（试行）》等。截至 2015 年"并轨"改革政策发布前，全国先后有 28 个省区市开展了局部改革试点①。在此期间，各地在国家有关政策的指导下，结合地方具体情况制定了地方性的机关事业单位养老保险改革政策。本节基于对这些地方性改革政策的梳理，总结试点改革的实施范围、改革内容以及存在问题②。

---

① 林晓洁：《双轨制终结——机关事业单位养老保险制度改革历程回顾》，载《中国人力资源与社会保障》2015 年第 2 期。

② 本节资料均来源于各地人力资源与社会保障局官方网站公布的相关政策及数据。

4.3.1.1 实施范围与对象

各地试点改革的实施范围不尽相同，基本可分为四类：（1）差额拨款、自收自支事业单位全体工作人员和机关，全额拨款事业单位合同制工人以及离退休人员。这种类型比较普遍。（2）自收自支事业单位全体工作人员和机关、全额拨款事业单位、差额拨款事业单位合同制工人以及相应离退休人员，如重庆市。（3）所有事业单位的工作人员和机关合同制工人及相应离退休人员，如山东青岛。（4）机关事业单位（全额拨款、差额拨款和自收自支）全体工作人员和离退休人员，即全员参保，如湖北枣阳、山西临汾、忻州，山东济南、烟台等。

4.3.1.2 试点改革的基本内容

（1）对机关事业单位的养老保险进行了"以支定收、略有节余"的费用统筹，形成了一定规模的资金积累。

（2）实行单位及个人共同缴费，部分试点地区建立个人账户。单位缴费一般以在职职工工资总额为基础，但缴费率差异较大，为 15%~30%。值得一提的是，某些试点地区在实践中除了要求以工资总额为基数进行缴费外，还要求单位以离退休人员退休费的 50% 进行缴费。全国进行机关事业单位养老保险制度改革的地区均实行个人缴费制度，一般以本人上一年基本工资为基数，缴费比例为 1%~8% 不等，绝大多数地区低于企业职工个人缴费比例。例如，浙江省个人缴费比例小于 3% 的有 24 个县市，3%~5% 之间的有 36 个县市，5%~8% 之间的有 25 个县市。虽然全部实行个人缴费，但很多试点地区并未建立个人账户，而是将个人缴费并入统筹基金。建立个人账户的有江苏省各试点地区等。

（3）养老金发放和退休人员管理一般仍由原单位负责，只有少数地区开始实行养老金的社会化发放。

（4）机关事业单位养老保险统筹资金积累（不包括个人账户储存额）全部按照"收支两条线"的原则存入财政专户，主要用于购买国债。

4.3.2　试点改革存在的问题

各地试点改革虽然取得了一定成效，但也存在很多问题。

（1）具体改革政策不统一。由于缺乏统一的、具体的指导性政策，各地试点改革沿用和企业改革一样的办法，自下而上地摸索经验。由地方自行制定具体制度和实施办法，造成了机关事业单位养老保险制度试点改革的政策五花八门，情况参差不齐。

首先是实施对象不一致，范围有宽有窄。试点改革实践中，难以将机关事业单位工作人员统一纳入参保范围。一是从机构类型上，机关与事业单位工作人员区别对待。二是统一机构类型的不同身份工作人员区别对待。例如，深圳市主要针对聘任制公务员的养老保险制度进行改革，不涉及其他公务员；太原市仅限于机关合同制人员，南京市主要针对机关合同制工人，徐州市、石家庄市、合肥市主要针对合同制工人及聘用人员。总的来说大多数省市只针对机关单位的合同制工人或聘用制干部，只有个别省市针对全体机关事业单位人员。各地改革中大多对不同身份职工采取差异化、分类别的办法，针对公务员、聘用制人员、工人、临时工等不同身份的人设计不同的缴费和待遇设计办法。

其次是缴费不统一。大多数试点地区均规定单位与职工共同缴费，但个人缴费相对较低，单位缴费相对较高。一些地区只需要公务员个人象征性缴费（2% 或 3%），而单位缴费大多在 20% 以上。例如太原市国家机关，全额拨款事业单位按单位在职人员缴费工资总额的 38% 缴纳，合肥市的机关、全额拨款事业单位按 33% 的费率缴纳，其他一些省市的单位缴费费率也都在 20% 以上。另外，缴费基数也不统一，有的地区以人事部门核定的档案工资为基数征收，有的地区以按工资总额（包括奖金、福利、过节费等）为基数征收。有的地区执行"双基数"（在职职工工资和离退休人员离退休费）、有的按"单基数"（在职职工工资）征收。例如，江苏省有 62 个地区实行"单基数"办法。有 43 个地区实行"双基数"办法。还有缴费比例不统一，各地单位缴费比例差异较大，范围在 19% ~38%，个人缴费比例在 1% ~8% 之间，有的地区实行浮动费率，即由支出情况决定缴费比例，如江苏省的 13 个地区。另外，一些地区对不同类型的单位实行差别费率，如山西太原市全额拨款事业单位缴费率为38%，差额拨款事业单位35%（这两类单位没有个人缴费），自收自支事业单位20%，个人缴费5%。由于措施不同而产生的同岗同工而不同缴费与待遇的情况也引起了参保人员的不满和上访。

最后是待遇设计不统一。按原退休金制度待遇规定、按统筹基金的一定标准及按个人账户计发等各种不同的计发办法同时存在。如深圳市根据个人账户计发职业年金，退休后可一次性领取或者按月领取。太原市、徐州市、南京市主要依据原有的国家离退休金计发办法。福建省的机关事业单位干部、固定职工基本养老金的给付与原退休费计发标准相衔接；聘用制干部、合同制工人、集体工退休后的养老保险金按缴费年限和金额计发；临时工退休后的养老保险金按储存积累的基金及利息除以计发月数计发。石家庄市的机关事业单位工作人员基本养老金按本人离退休前工资的全额或定比例计发；聘用人员基本养老金包括基础养老金和个人账户养老金两部分，基础养老金按上年度当地职工月社会平均工资的20%计发，个人账户养老金按个人账户储存额除以120计发。可以看出，各地针对机关的不同人员采取了不同的待遇计发办法，机关公务员的待遇计发办法没有根本改革，主要是针对机关单位的聘用人员、合同制工人、临时工等。

（2）多部门管理，影响了改革的推进和效率。按照有关规定，机关事业单位在职人员和离退休人员的收入分配调整政策，以及人员退休审批等均由人事部门负责；劳动保障部门负责部分社会保险费征收和养老金发放事务，还有一部分社会保险费则由税务部门负责代收；养老保险基金实行收支两条线，经财政专户管理，因此资金的使用和投资等则由财政部门负责。这样，便形成了机关事业单位养老保险审、管及收支四部门负责的局面。另外，各地劳动保障部门经办机构的设置也有所不同。从1998年开始，机关事业单位社会保险工作由人事部转移至劳动保障部，很多地方纷纷成立了专门的机关事业单位社会保险局或管理中心，但也有一些地方建立统一的社会保险经办机构，对机关事业单位和企业的社会保险进行统一管理。这种多部门管理的模式不利于改革的推进。尤其是退休审批权与养老经办权分离，造成养老保险制度改革工作中的脱节和矛盾。一方面，由于缺乏相应的制约手段，增加了社保管理机构养老保险费用征缴的阻力；另一方面，社会保障部门在扩大改革范围、推行改革政策方面常常要受其他部门的牵制，往往"有心无力"，工作很难开展。一些地区的改革范围甚至有所缩小，征缴率下降，改革工作陷入进退维谷的局面。

（3）统筹层次低，养老金社会化发放程度低。统筹层次一般仅达到县级统筹，更加剧了各自为政和政出多门的状况，也影响了未来制度的统一和基本养老保险应有的互济功能。机关事业养老金只有少数地区采取社会化发放，多数地区仍采取养老金发放到参保单位后，由参保单位再发放给离退休人员，甚至有些地区社保经办机构采取征收与发放联动的办法。

（4）转轨方案设计与成本分担机制不明确。在各地的改革方案中，绝大多数没有对制度转轨做出安排，即如何从旧制度过渡到新制度的转轨方案不明确。"老人""新人"的制度安排相对比较明确，也较易于处理，但是，对于改革涉及的关键人群——"中人"，则缺乏明确的处理办法。能否处理这一部分人的利是公务员养老保险制度改革能否顺利推进的一个重要因素。对于制度转轨后"中人"的利益补偿问题和成本分担机制不明确，是改革推进的难点和关键障碍。

（5）对已积累的养老保险基金管理不规范。从表面来看，各地对公务员养老保险的基金管理做出了相应的规范，专款专用，加强监督。但是，对于制度改革后如何实现基金的保值增值并没有明确的规定。尤其是一些设立个人账户的省市，对于个人账户积累的资金如何进行管理和投资，没有具体的措施。即便部分省市有些规定，大多数是由经办机构负责管理运营，基本用于存入银行或购买国债（福建省、湖南省、南京市等），尚未实现基金管理和投资的专业化，不利于公务员养老保险基金的保值增值。

4.4 "并轨"改革及其内容

4.4.1 改革方案出台

2015 年 1 月，国务院发布《关于机关事业单位工作人员养老保险制度改革的决定》（以下简称《决定》），提出"建立独立于机关事业单位之外、资金来源多渠道、保障方式多层次、管理服务社会化的养老保险体系"。根据改革方案，机关事业单位工作人员参加统筹账户与个人账户相结合的基本养老保险制度，在缴费及待遇等基本特征上与企业职工基本养老保险制度一致，故此，从 20 世纪 90 年代我国养老保障体系改革开始以来处于割裂状态的城镇职工基本养老保险制度正式"并轨"，由分离走向制度统一。《决定》提出建立职业年金，作为机关事业单位工作人员的补充养老保险制度。2015 年 3 月，国务院发布《机关事业单位职业年金办法》，对职业年金的建立规则及管理机制做出具体规定。"并轨"改革正式终结了延续半个世纪的机关事业单位退休金制度，确立了与企业职工一致的基本养老保险 + 补充养老保险的多层次养老保障体系，是我国养老保障体系由"碎片化"走向统一的重要环节。

4.4.2 "并轨"改革内容

4.4.2.1 建立多层次养老保障体系，与企业在制度框架上实现统一

《决定》明确提出机关事业单位实行社会统筹与个人账户相结合的基本养老保险制度。统筹账户的基本养老保险费由个人和单位共同负担，个人账户养老金由个人负担。在具体缴费比例和待遇计发办法上与企业职工完全一致。但是，机关事业单位基本养老保险基金单独建账，与企业职工基本养老保险基金分别管理。

机关事业单位工作人员在参加基本养老保险的基础上参加职业年金。职业年金作为补充养老保险，由单位和个人共同缴费，纳入个人账户，形成储存资金进行投资积累。从《机关事业单位职业年金办法》来看，职业年金与企业年金在计划类型、筹资方式、投资运营、信托管理等特征上也是一致的，不同的是，职业年金强制建立，也就是说，公职人员全部受职业年金覆盖。

因此，改革后的公职人员养老保障是一个多层次体系，第一层次和第二层次在制度设计上与企业职工一致，实现了制度框架上的统一。

　　表4-2总结了我国机关事业单位养老保险制度改革前后及与企业的对比。

表4-2　　　　　　机关事业单位养老保险制度改革前后及与企业对比

	机关事业单位		企业
	改革前	改革后	
制度体系	单一的退休金制度	基本养老保险 + 职业年金	基本养老保险 + 企业年金
筹资模式	现收现付制	基本养老保险：统筹账户——现收现付 个人账户——基金积累	
		职业年金：基金积累	企业年金：基金积累
计划类型	待遇确定（DB）	基本养老保险：统筹账户——DB 个人账户——DC	
		职业年金：DC	企业年金：DC
资金来源	财政	财政、单位缴费和个人缴费	单位缴费和个人缴费 财政兜底
缴费	无缴费	基本养老保险：统筹账户——单位16% 个人账户——个人8%	
		职业年金：单位缴费8%，个人缴费4%	企业年金：单位缴费不超过8%，单位和个人缴费合计不超过12%
待遇	基础工资和工龄工资全额发给，职务工资和级别工资按一定比例计发，计发比例依工龄分段给定	基础养老金：以当地上年度在岗职工月平均工资和本人指数化月平均缴费工资的平均值为基数，缴费每满1年发给1% 个人账户养老金：个人账户储存额除以计发月数	
		职业年金：按账户积累额年金化发放	企业年金：按账户积累额年金化发放或一次性领取
经办管理	单位	社保经办机构征缴、管理，社会化发放	
基金管理	无基金	基本养老保险基金：单独建账 职业年金：受托模式、市场化投资	基本养老保险基金： 单独建账 企业年金：受托模式、市场化投资

4.4.2.2 社会化管理，基金单独建账

《决定》提出机关事业单位基本养老保险实行社会化管理。改变过去的单位管理模式，采取社会保险机构经办管理，发放全国统一的社会保障卡，实行基本养老金社会化发放。社会保险经办机构负责机关事业单位养老保险参保登记、缴费申报、关系转移、待遇核定和支付等工作。

人力资源和社会保障部负责在京中央国家机关及所属事业单位基本养老保险的管理工作，同时集中受托管理其职业年金基金。中央国家机关所属京外单位的基本养老保险实行属地化管理。社会保险经办机构应做好机关事业单位养老保险参保登记、缴费申报、关系转移、待遇核定和支付等工作。

机关事业单位基本养老保险基金实行严格的预算管理，纳入社会保障基金财政专户，实行收支两条线管理，专款专用。依法加强基金监管，确保基金安全。这些规定与企业职工基本养老保险基金管理内容一致。但《决定》指出机关事业单位基本养老保险基金单独建账，与企业职工基本养老保险基金分别管理使用。这一规定意味着机关事业单位与企业的养老保险制度虽然在制度上完成了统一，但养老保险基金仍分离管理，并没有实现全部城镇职工范围内的基金统筹。

4.4.2.3 转移接续与衔接过渡

《决定》对参保人员转移接续的基本规则做出规定。参保人员在同一统筹范围内的机关事业单位之间流动，只转移养老保险关系，不转移基金。参保人员跨统筹范围流动或在机关事业单位与企业之间流动，在转移养老保险关系的同时，基本养老保险个人账户储存额随同转移，并以本人改革后各年度实际缴费工资为基数，按12%的总和转移基金，参保缴费不足1年的，按实际缴费月数计算转移基金。转移后基本养老保险缴费年限（含视同缴费年限）、个人账户储存额累计计算。

在改革的执行与过渡方面，《决定》提出"立足增量改革，实现平稳过渡"。对改革前已退休人员，保持现有待遇并参加今后的待遇调整；对改革后参加工作的人员，通过建立新机制，实现待遇的合理衔接；对改革前

参加工作、改革后退休的人员，通过实行过渡性措施，保持待遇水平不降低。2015 年 3 月的《人力资源和社会保障部、财政部关于贯彻落实〈国务院关于机关事业单位工作人员养老保险制度改革的决定〉的通知》进一步规定全国实行统一的过渡办法，提出对于 2014 年 10 月 1 日前参加工作、改革后退休的"中人"设立 10 年过渡期，过渡期内实行新老待遇计发办法对比，保底限高。

基于"并轨"改革前我国机关事业单位试点改革的现实，人社部要求各地区妥善处理本地区原有试点政策与《决定》的衔接问题，确保政策统一规范。

4.4.2.4　建立强制性职业年金制度

2015 年 3 月，《机关事业单位职业年金办法》发布，对机关事业单位职业年金的建立规则及运营管理做出规定。在建立规则上，职业年金采取与企业年金一致的计划类型，即缴费确定型的个人账户养老金计划。在管理模式上，都采取受托管理，进行市场化投资运营。在资金来源上，规定单位与个人共同负担，单位缴纳职业年金费用的比例为本单位工资总额的 8%，个人缴费比例为本人缴费工资的 4%，由单位代扣。单位和个人缴费基数与机关事业单位工作人员基本养老保险缴费基数一致。在待遇领取上，规定由退休职工本人选择按月领取职业年金待遇。可选择两种领取方式：一是一次性用于购买商业养老保险产品，依据保险契约领取待遇并享受相应的继承权；二是按照本人退休时对应的计发月数计发职业年金月待遇标准，发完为止，同时职业年金个人账户余额享有继承权。

可见，不管是在计划设计特征上还是在管理模式上，职业年金都与企业年金保持一致。两者的区别主要体现在以下方面。

一是职业年金强制建立，而企业年金自愿建立。

二是个人账户的储存积累方式存在差异。企业年金的单位缴费和个人缴费全部实行实账积累，而职业年金的单位缴费部分则依单位类型有所区别。非财政全额供款的单位，单位缴费实行实账积累。而财政全额供款的单位，单位缴费根据单位提供的信息采取记账方式，每年按照国家统一公布的记账利率计算利息，工作人员退休前，本人职业年金账户的累计储存额由同级财政拨付资金记实。

三是资金筹集和待遇发放存在差异。在资金筹集上，职业年金和企业年金均由单位缴费和职工缴费形成基金，不过，职业年金规定了统一且明确的缴费比例，即单位缴费 12%，个人缴费 8%。而企业年金则规定，单位缴费每年不超过本企业职工工资总额的 8%，单位和职工个人缴费合计不超过本企业职工工资总额的 12%。具体缴费由企业和职工一方协商确定。在待遇领取上，职业年金规定了年金化领取的要求，具体有两种选择：购买商业年金保险产品，或者按年金积累额除以计发月数，按月领取，发完为止。企业年金则不强制要求年金化领取，职工退休后可以一次性领取全部账户积累额。

四是治理结构存在差异。企业年金采取受托管理模式，企业、职工及其受益人作为委托人，由受托机构进行企业年金基金的监督管理及投资运营，并向委托人负最终责任。根据受托机构的类型，有两类受托模式，即理事会受托和法人机构受托。受托机构又可选择账户管理人、投资管理人和托管人，建立委托代理关系。在职业年金治理结构中，委托人为单位、参保职工及其受益人，受托人角色则由社保经办机构担当。投资管理人、托管人仍由受托机构选择市场金融机构担任，而账户管理人则不再由银行或保险公司等金融机构担任，而是由社保经办机构担任。

4.5　改革进展

4.5.1　整体进展

根据《中国人力资源和社会保障年鉴》《人力资源和社会保障事业发展统计公报》以及其他发布来源的数据，可以获得"并轨"改革前后机关事业单位养老保险的有关信息及其变化。

在制度覆盖范围上，"并轨"改革之前，机关事业单位工作人员参加基本养老保险的人数相对较为稳定，2000～2014 年平均参保比例为 34.89%，平均年增长率为 3.5%。《决定》发布之后，虽然绝大多数地区均在同年即2015 年出台了相应的响应政策，但真正实施落实改革政策主要从 2016 年开始。根据《中国人力资源和社会保障年鉴》可知，2016 年机关事业单位基本养老保险制度参保人数为 2 586.7 万人，比 2015 年增长 58.5%；2017 年参保人数为 3 411.3 万人，环比增长 31.9%。2016 和 2017 年的参保比例分别为55% 和 72.5%①。而截至 2020 年，机关事业单位参加基本养老保险制度的在职职工数为 3 735.1 万人，离退休人员 1 978.1 万人。

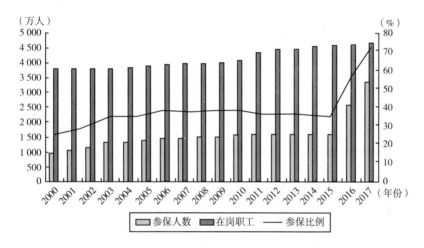

图 4 - 1　机关事业单位基本养老保险参保人数及比例

资料来源：根据《中国人力资源和社会保障年鉴》（2018）计算得出。

在基本养老保险基金规模上，2016 年机关事业单位基本养老保险基金收入 6 364.9 亿元，是 2015 年的 2.33 倍，基金支出 5 988.7 亿元，是 2015 年的 2.24 倍。随后的 2017～2019 年，基金收入和支出都保持了增长。2019 年的基金收入、基金支出和基金结余分别为 14 816.9 亿元、14 572.8 亿元和3 402 亿元。但 2020 年基金收支数据均有所下降，分别为 14 196.3 亿元和13 689.1 亿元。截至 2020 年底，基本养老保险基金结余 3 914 亿元。

---

① 参保比例由参保人数除以在岗职工数得出。按照《决定》规定的参保机关事业单位机构类型及"编制内"人员要求，这里的"在岗职工"包含一定数量未纳入机关事业单位基本养老保险范围的工作人员。

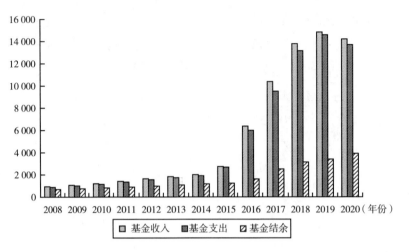

图 4-2　机关事业单位基本养老保险基金历年收支与结余

资料来源：《中国人力资源和社会保障年鉴》（2021）。

4.5.2　各地改革政策推进

2015 年 1 月，《决定》明确了改革的总体目标、基本原则和政策举措，对组织实施工作提出了要求。同年 3 月 19 日，人社部印发《人力资源和社会保障部、财政部关于贯彻落实〈国务院关于机关事业单位工作人员养老保险制度改革的决定〉的通知》文件，要求各地根据《决定》精神和要求，结合本地实际情况，制定本地区机关事业单位养老保险制度改革实施办法，对组织领导、具体任务、政策措施、工作进度、监督检查等作出周密安排；要求各地区抓紧研究制定实施办法，对各地政策衔接等提出具体意见。

首先做出反应的是四川省。2015 年 3 月 20 日，四川出台了《四川省人民政府关于机关事业单位工作人员养老保险制度改革的意见》，基本内容未超出全国方案，也未提及具体操作实施细则。2015 年第三季度以前，上海、江苏、山东、吉林先后发布改革文件。7 月 15 日，上海市印发《本市贯彻〈国务院关于机关事业单位工作人员养老保险制度改革的决定〉实施办法》；7 月 31 日，江苏省出台了《江苏省政府关于机关事业单位工作人员养老保险制度改革的实施意见》；7 月 28 日，山东省发布了《山东省机关事业单位工作人员养老保险制度改革实施办法》；8 月 28 日，吉林省发布了《吉林省机关事业单位工作人员养老保险制度改革实施办法》。2015 年第三季度以后，福建、湖南、云南、甘肃、陕西、湖北、天津、黑龙江、辽宁相继发布改革办法。2016 年 3 月，贵州省人民政府发布《关于机关事业单位工作人员养老保险制度改革的意见》，至此，全国所有地区均对国务院发布的《决定》做出反应，出台了本地区机关事业单位养老保险制度改革政策（见表 4 – 3）。

表 4 – 3　　　　　各地机关事业单位养老保险制度改革政策发布时间

改革政策发布时间	地区
2015 年上半年	四川
2015 年下半年	上海、北京、天津、山西、河北、内蒙古、云南、甘肃、黑龙江、广东、湖北、安徽、福建、江西、湖南、广西、青海、重庆、西藏、辽宁、陕西、浙江、宁夏、新疆、吉林、江苏、河南、山东
2016 年	贵州

资料来源：根据各地政策整理。

机关事业单位养老保险改革涉及面广、社会关注度高，并且情况复杂。各地区出台改革决定之后，结合本地实际情况，制定更为具体的改革实施办法，对组织领导、具体任务、政策措施、工作进度、监督检查等做出周密安排，在政策上陆续制定了有关统筹办法、试点衔接办法、计发办法、过渡办法等具体措施。以出台相应改革决定政策最早的四川和最晚的贵州为例：四川省人民政府于 2015 年 12 月分别发布《四川省机关事业单位养老保险省级统筹实施办法》《关于妥善处理我省原机关事业单位养老保险试点有关问题的通知》、2016 年 9 月发布《四川省人力资源和社会保障厅关于集中开展机关事业单位养老保险视同缴费年限确认核定工作的通知》；贵州省于 2016 年 8 月发布《贵州省机关事业单位基本养老保险省级统筹管理办法》、2016 年 9 月发布《贵州省机关事业单位工作人员养老保险计发办法》、2017 年 3 月发布《贵州省机关事业单位基本养老保险经办规程（暂行)》等。

4.5.3　"中人"过渡办法的实施

改革前参加工作、改革后退休的"中人"是对改革政策最为敏感的群体，其利益受到改革政策的影响最大，群体人员复杂性最高。"中人"群体的过渡办法是改革政策的核心内容，也是改革推行中的核心难题。《决定》提出了"增量改革、平稳过渡"的总方针，人社部发对过渡办法做出了具体规定。

首先，规定"10 年过渡期"。过渡期内实行新老待遇计发办法对比，保底限高。具体来说，新办法（含职业年金待遇）计发待遇低于老办法待遇标准的，按老办法待遇标准发放，保持待遇不降低；高于老办法待遇标准的，超出的部分，第一年退休的人员（2014 年 10 月 1 日至 2015 年 12 月 31 日）发放超出部分的 10%，第二年退休的人员（2016 年 1 月 1 日至 2016 年 12 月 31 日）发放 20%，依次类推，到过渡期末年退休的人员（2024 年 1 月 1 日至 2024 年 9 月 30 日）发放超出部分的 100%。过渡期结束后退休的人员执行新办法。

其次，按照合理衔接、平稳过渡的原则，对"中人"在发给基础养老金和个人账户养老金的基础上，再依据视同缴费年限长短发给过渡性养老金。

过渡性养老金 = 退休时当地上年度在岗职工月平均工资 × 本人视同缴费指数 × 视同缴费年限 × 过渡性养老金计发系数。

表 4 - 4 显示了各地过渡性养老金计发系数的差异。

表 4 - 4　　　　　　　　　各地过渡性养老金计发系数

过渡性养老金计发系数	地　区
1%	北京、上海、天津
1.2%	内蒙古、云南、甘肃、黑龙江、广东、湖北
1.3%	安徽、福建、江西、湖南、山西、河北
1.4%	广西、海南、青海、重庆、四川、西藏、辽宁、陕西、浙江、贵州

资料来源：根据各地政策整理得到。

4.5.4　并轨改革与试点改革的衔接

"并轨"改革前的机关事业单位养老保险试点改革虽然没有取得实质性突破，但涉及地区数目众多，全国超过 21 个省区市都进行了程度各异的试点改革。"并轨"改革的推行，势必要做好与试点改革的衔接。试点改革一方面为"并轨"改革打下了一定的人员和基金基础，但另一方面也增加了改革推行的复杂性。

4.5.4.1　参保人员的衔接

（1）参加试点改革并在"并轨"改革范围内的人员。改革后，对于符合纳入机关事业单位基本养老保险条件的人员，其改革前在机关事业单位的工作年限作为视同缴费年限，退休时按照有关规定计发待遇。改革前个人缴费本息划转至改革后的本人职业年金个人账户。本人退休时，该部分个人缴费本息不计入新老办法标准对比范围，一次性支付给本人。

广东省还规定改革前已退休且改革后纳入机关事业单位基本养老保险基金支付待遇的退休人员，在按原退休办法计发待遇的基础上加发个人账户养老金的，其剩余的个人缴费本息发放本人（不再加发个人账户养老金）；只按原退休办法计发待遇，没有另外加发个人账户养老金的，或发放的基本养老金中含个人账户养老金并按原退休待遇水平补差的，个人缴费本息全额按规定发放本人。

（2）参加试点改革、不在"并轨"改革范围内的人员。改革后，对于不符合纳入机关事业单位基本养老保险条件的单位和人员，转入企业职工基本养老保险。绝大多数地区采取了这种方式，如湖北、江苏、河南、江西、四川等省。在具体措施上，以四川省为例进行说明。四川省规定编制外的参保人员、个体参保人员以及其他类型的参保人员，一律将养老保险关系和个人账户全部储存额转移至企业职工基本养老保险制度。以单位职工身份缴费的在职参保人员，转移至原试点对应层级的企业职工基本养老保险经办机构参保。按照制度缴费规定，如实申报并分别缴纳从 1996 年 1 月 1 日至转移当月期间的历年同期的基本养老保险费。以个体身份缴费的参保人员，转移至原试点所在地或户籍所在地的经办机构参保，可自愿选择从参加原试点之日（最早不能早于 1996 年 1 月 1 日）或从以个体身份缴费之日起，按照企业职工基本养老保险制度关于个体参保人员参保缴费规定缴纳相应年度的基本养老保险费。已领取基本养老金的人员（不含已参照企业职工基本养老保险制度执行的原试点参保人员），除转移养老保险关系和个人账户余额资金（含利息）外，还应转移本人退休时个人账户累计储存额记录和当月已在原试点领取的基本养老金标准记录。经办机构按照企业职工基本养老保险制度养老金计发办法重新计算其退休时的初始基本养老金标准。

也有一些地区采取了对改革时已退休人员和未退休人员区别对待的衔接办法。福建、广东等省规定，对于参加试点但不在改革实施范围内的已退休人员，原有的退休养老待遇标准不变，仍由原渠道支付，今后待遇调整按机关事业单位养老保险基本养老金调整办法执行。

福建省对于参加试点但不在改革实施范围内的在职人员提供了两种选择：一是可以比照机关事业单位养老保险制度的缴费基数和比例缴纳基本养老保险费和职业年金，退休时按照机关事业单位养老保险制度的有关规定计发基本养老金和职业年金待遇，所需资金从原渠道列支。二是也可选择转执行企业职工基本养老保险制度。选择转执行企业职工基本养老保险制度并在该制度内退休的，其 2014 年 10 月 1 日前在机关事业单位的可视同缴费年限可以享受转制补贴。转制补贴标准为：转执行企业职工基本养老保险制度的上一年度月平均缴费工资×2014 年 10 月 1 日前在机关事业单位的可视同缴费年限×0.3%×120，退休时转制补贴从机关事业单位养老保险统筹基金划入，并分 120 个月发放，发完为止。

4.5.4.2 基金的衔接

各地区开展试点改革期间的养老保险结余基金并入机关事业单位基本养老保险基金统一使用。

四川省对于原试点改革出现的基金缺口分情况处理：因财政对参保缴费和养老金安排不足形成的基金缺口，由同级财政承担；因参保单位和个人应缴未缴养老保险费形成的基金缺口，由参保单位负责归集并按规定补缴到位；因部门（单位）或管理机构挤占、挪用等形成的基金缺口，由责任单位负责弥补。妥善处理原试点工作完成后，结余基金应并入机关事业单位基本养老保险基金统一使用。

广东省规定以下三种情形的个人缴费本息，可划转至改革后的本人职业

年金个人账户退休时一次性发放，也可在退休前发放本人：（1）改革前参加
企业职工基本养老保险、改革时在职的编制内工作人员（含按合同制管理的
原固定工，不含其他合同制工人），其改革前视同缴费年限对应时段的个人
缴费本息。（2）改革前实施机关事业单位养老保险试点的地区，改革时在职
的编制内工作人员（含按合同制管理的原固定工，不含其他合同制工人），
其视同缴费年限对应时段的个人缴费本息。（3）开展机关事业单位养老保险
个人缴费制度的地区，改革前的个人缴费本息。

4.6　改革推行中的困难及问题

改革相关配套政策从拟订到下发执行的过程中存在较多由于信息不对称
造成的沟通、管理问题，使得政策实施与实践效果之间的差异相对较大。

4.6.1　公平性仍受质疑

机关事业单位养老保险制度改革将"增加公平性"作为总目标之一。变
革过去分裂的养老保障制度，构建与企业统一的养老保障制度体系，在公平
性上迈出了一大步。但是，在这一质的进步的同时，也需要注意到仍存在一
些公平性的欠缺。

4.6.1.1　机关事业单位与企业职工之间仍存在不平等

首先，两部门养老保障制度并未完全融合。按照改革方案，改革后机关
事业单位养老保险与企业职工养老保险制度模式相同，计发办法一样，但是
仍然分别单独管理运行，基金单独建账。其次，预计在较长时期仍存在两类
群体间的养老待遇差距。机关事业单位养老保险改革的基本原则是保证改革
群体养老待遇水平不下降，改革后尽管从制度层面实现了机关事业单位与企
业并轨，但是机关事业单位职工养老金仍然要高于企业职工养老金，改革后
不同职业群体养老金综合替代率依然不同步。从待遇水平上看，这次机关事

业单位养老保险改革主要解决改革群体之间与改革前后比较产生的公平问题，但是公共部门与企业单位之间、城乡之间养老待遇差别依然存在。最后，改革后来自补充保险的"新差距"值得重视。按照改革方案，机关事业单位建立职业年金制度。这项制度与企业年金类似，都是一种基于职业缴费的补充养老保险。基于机关事业单位性质及财政能力保障，可以预期机关事业单位会普遍建立职业年金制度，但是企业年金受到经济实力和理念等的约束，覆盖面还较为有限。目前已建立企业年金的企业占比很低，尚未达到全国企业法人数的1%。参加企业年金的职工数相对于参加城镇职工基本养老保险制度职工数的比例也相对较低。表4-5显示了近年来企业年金参保企业数、职工数以及两者占全国企业法人单位数和城镇职工基本养老保险参保职工数的百分比。两个比例指标都比较低反映了企业年金制度的覆盖不足。而且，企业年金长期以来被视为国有企业的"富人俱乐部"，一些实证研究也论证了企业年金的建立决策受企业类型的显著影响，如郭磊（2017）指出国有企业的参保概率比非国有企业高20%以上。可见，虽然多层次养老保障体系在制度上实现了统一，但在补充养老保险层次上，不同类型就业群体间的养老差距仍将十分突出。

表4-5 企业年金参保及覆盖情况

年份	参保企业数 （百个）	占企业法人单位数 百分比（%）	参加职工数 （万人）	占参保城镇职工基本养老 保险职工数百分比（%）
2015	755	0.6	2 316	8.8
2016	763	0.5	2 325	8.4
2017	804	0.4	2 331	8.0
2018	874	—	2 388	7.9
2019	960	0.5	2 548	8.2
2020	1 175	0.5	2 875	8.8

注：2018年企业法人单位数据缺失。

数据来源：根据历年《全国企业年金基金数据摘要》和国家统计局年度数据计算得到。

4.6.1.2 机关事业单位内部不同群体间的不平等

制度内部群体间的不平等主要体现在"编制"内外工作人员的差异。并轨改革提出"严格按照机关事业单位编制管理规定确定参保人员范围。编制外人员应依法参加企业职工基本养老保险。对于编制管理不规范的单位，要先按照有关规定进行清理规范，待明确工作人员身份后再纳入相应的养老保险制度"。这就意味着，"编制"是机关事业单位养老保险制度的"入场券"，形成机关事业单位内部不同群体间的不平等。近年来，事业单位改革在逐步弱化编制的作用，努力将管理方式从身份管理向聘用和岗位管理转变。机关事业单位养老保险制度将编制外职工排除在外，这将导致很大比例的事业单位职工无法参加"并轨"，造成同一单位的职工参加两类养老保险制度，既不能彰显公平，也给实际操作带来困难。

一方面，编制外职工不能参加机关事业单位基本养老保险制度，也将使制度的参保人口，特别是在职缴费人口数量受到限制，恶化制度抚养比。我国近年来对机关事业单位的"编制"收紧控制，要求各省以 2012 年底在编人数为基数，以后不再增加编制数量。如部分单位需扩编，只能从其他事业单位收回编制后再分配给急需编制的单位。从参保职工数看，我国事业单位编制呈紧缩状态，部分事业单位的编制不仅不许增加，还要不断缩减，这导致事业单位编制不够用，只好采用多种用工形式，包括在编的事业单位职工、在编的参照公务员管理职工、合同制工人、通过人事代理聘用的人员。因此"编制外"职工在机关事业单位大量存在，这部分人群被排除在机关事业单位基本养老保险制度之外，无形中减少了制度的缴费人数，增加了制度抚养比和支付压力。

另一方面，公益二类事业单位如何参保尚需人事制度改革同步破解。人社部在未来几年将会以高校和医院为改革重点，探索逐步取消这两类单位编制的办法。2016 年底，财政部、中央编办共同出台文件，提出到 2020 年底事业单位政府购买服务改革工作将全面推开，政府购买服务主要针对公益二类事业单位，由财政直接负担其经费开支转变为政府购买服务，也就是说以前是按编制进行"人头"拨款，现在则是按所需服务进行拨款，意味着这两类单位职工编制要调整。按参保规定，机关事业单位人员编制不规范的，要先清理规范，明确人员身份后才可参保，而像高校和医院这种改革方向已定但细则还未出台的，是先按机关事业人员参保还是先清理规范的范围还没有明确。一旦高校和医院变为公益二类事业单位，由政府财政全额托底变为政府购买服务，就意味着有相当一部分养老金缴费由单位来承担，这会给单位带来多大负担目前还不可知，而单位在资金压力下极有可能扩大有偿服务范畴，削弱公益性责任，挤压公共服务资源，最后将压力转移给普通百姓。如果机关事业单位养老保险并轨的改革初衷是缩小群体间养老金差距，增强社会公平感，最后却造成另一种形式的不公，那改革就背离了本意。因此，机关事业单位养老保险制度改革需与人事制度改革同步进行才能破解相关难题。[①]

4.6.2　事业单位分类改革滞后，阻碍并轨进程

"并轨"改革对参保范围做出了统一规定，按照《公务员法》管理及参照《公务员法》管理的机构相对比较好确定，而事业单位则需要按类别区别对待，事业单位分类是并轨能否顺利推进的基础和前提。事业单位分类改革分为两个层次：第一层次，将具有行政性质和生产经营性质的单位从事业单位中划分出去，相当于剥离事业单位的行政属性和市场化属性，从而逐步恢复事业单位的公益性质。第二层次，将具有公益性质的事业单位划分为公益一类和公益二类，承担义务教育、基础性科研、公共文化、公共卫生及基层的基本医疗服务等基本公益服务，不能或不宜由市场配置资源的，划入公益一类；承担高等教育、非营利医疗等公益服务，可部分由市场配置资源的，划入公益二类。这两个层次改革相对艰难，目前仍在进行中。

首先事业单位转成企业面临阻力。将具有行政性质的事业单位划归为政府部门没有难度且较受欢迎，但将具有生产经营性质的事业单位转成企业的难度就相对较大。特别在经济欠发达省份，具有经营性质的事业单位已习惯于在财政保证其基本生活的情况下从事营利性活动，在分类改革时，这些事业单位会极力反对将其完全划分为企业。另外，还有部分县市、乡镇一级的事业单位，因县市、乡镇本身经济就尚未发展起来，这些事业单位一旦被推

---

① 贾丽萍：《我国机关事业单位养老保险并轨现存障碍及对策建议》，载《经济纵横》2017 年第 7 期。

入市场将更加无从发展。2011 年，中央发布关于事业单位分类改革的指导意见后，机关事业单位数量不仅没有缩减，反而呈现快速膨胀态势。根据《中国劳动统计年鉴》可知，2011 年，我国有 97.5 万个机关事业单位，至 2014年扩张为 108.8 万个。其中，事业单位从 72.5 万个上升为 82.8 万个；机关单位从 24.99 万个上升为 25.94 万个。2014～2015 年，机关事业单位数量略有减少，从 108.8 万个减少为 108.2 万个，减少数量远远比不上 2011～2014年增加数量。

其次公益二类事业单位的划分困难。公益一类单位由财政全额拨款，公益二类单位由财政差额拨款。对于什么性质的单位可划分为一类，什么性质的单位的可划分为二类，国家虽已出台文件，但并没有明确标准，导致部分可划为一类也可划为二类的单位自然会往一类靠近。划入公益二类事业单位后的一系列问题尚无定论，且在改革中如何区分有经营性质的事业单位和公益二类单位也尚未详细界定，存在将公益二类单位转制成生产经营性单位，或公益二类单位未能转制成生产经营性单位的风险。一旦公益二类单位转制成生产经营性单位后失去生产经营能力，在单位生存都困难的情况下，由单位来承担缴纳职工养老费就无从谈起了。

在机关事业单位养老保险并轨启动时，对事业单位的分类还未结束，在此情况下，什么性质的单位缴纳何种养老保险比例使各单位均十分困惑。为此，人力资源和社会保障部、财政部在 2015 年底出台《人力资源和社会保障部、财政部关于贯彻落实〈国务院关于机关事业单位工作人员养老保险制度改革的决定〉的通知》，提出"对于目前划分为生产经营类，但尚未转企改制到位的事业单位，已参加企业职工基本养老保险的仍继续参加；尚未参加的，暂参加机关事业单位基本养老保险，待其转企改制到位后，按有关规定纳入企业职工基本养老保险范围。"从各地出台的规定中可知，对于上述问题的处理大致在 28 号文件范围内，有的针对本地区突出情况有所扩展。从处理办法看，主要是维持现状，在没有明确分类前，参加哪种保险还按哪种保险继续参加，等明确分类后再转换。这样做的优点是可缓解矛盾，等待机关事业单位配套改革的跟进；缺点是等待也导致并轨工作被拖延，在这段时间，暂未明确类别的单位会向有利于自己的保险标准"靠拢"，而已明确分类的事业单位也会尽量争取养老待遇不变。在养老并轨拖延到不能再拖延时，按现在的处理方式，先参保再调整也加大了经办的工作量，容易造成重复劳动，使并轨效果大打折扣。

4.6.3 制度抚养比严重失衡，支付压力沉重

养老保险制度抚养比是制度内退休人数占参保职工数的比例，反映了领取待遇人口对缴费人口的相对规模。显而易见，抚养比越高，养老保险基金的财务压力越大。2016 年和 2017 年，机关事业单位基本养老保险制度抚养比分别为 41.7% 和 45.9%，也就是说，几乎接近于两个工作职工供养一个退休职工，抚养比严重失衡。从图 4-3 来看，机关事业单位基本养老保险的制度抚养比相对于企业增长更快，尤其是在"并轨"改革后的年份。

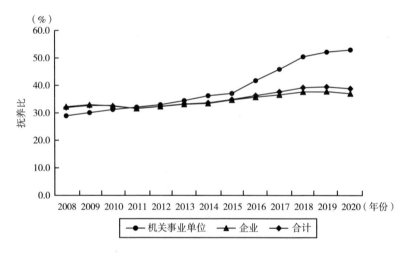

图 4-3 企业与机关事业单位养老保险制度抚养比

资料来源：根据《中国人力资源和社会保障年鉴》（2021）计算得到。

究其原因，畸高的制度抚养比并不是机关事业单位在职人员与退休人员相对规模的自然反应，而是改革过程中产生的问题。多年的试点改革中，不论是机构类型还是人员类型，参保范围都没有统一标准，各地在实践中的覆盖范围口径有大有小。2015 年"并轨"改革对参保范围作了统一规定，即按照《中华人民共和国公务员法》（以下简称《公务员法》）管理的单位、参

照《公务员法》管理的机关（单位）、事业单位及其编制内的工作人员。在这样的规定下，参保人员范围有可能比试点改革时期有所收缩。而依照"老人老办法"，"并轨"改革前已经纳入统筹范围并已经退休的公务员并不会被排除在外。另外，由于国家统一的"并轨"改革政策姗姗来迟，而一些地区事业单位改制工作进展较快，不少经营性事业单位转制为企业单位，由此进一步减少了机关事业单位参保人数，而改革前已经以事业单位工作人员身份退休的职工，则仍然留在制度范围内。例如，就河南省而言，机关事业单位养老保险全员参保峰值与机关及全部事业单位停保的谷值差异超过十万人次①。

4.6.4　地区经济发展水平差距大造成统筹难题

由于各地区经济发展不平衡，地方政府财力差别较大，负担能力有较大差距。这种差异不仅体现在省与省之间，也存在于同省的各市县之间。财力差异不仅影响统筹账户及职业年金的单位缴费能力，还影响地方财政的"兜底"能力。财力及负担能力的不均衡，是各地养老保险基金收支规模不平衡的一个根源，各地在统筹过程中利益差异较大，造成提高统筹层次的障碍。统筹层次过低，不仅影响人员的流动、降低基金的调剂和支付能力，也会增加管理成本。基金过于分散，投资运营不能取得规模收益，不利于基金保值增值，损害基金的财务可持续性，最终导致参保人员养老金权益的损失。

4.6.5　信息系统支撑力量不足

机关事业单位养老并轨需信息系统支持，而目前信息系统还无法实现互联互通，导致支撑力量明显不足，这是并轨进展缓慢的一个重要原因。信息系统对并轨的影响主要体现在两方面：一是在基金投资运营前需将资金归拢，之后交给商业部门运作，商业部门再将投资情况反馈回社会保障部门，在此

---

① 王子哲：《河南省公益二类事业单位参加养老保险过程中遇到的问题和思考》，载《经济师》2018 年第 10 期。

过程中信息转换比较复杂，需统一信息系统的支持，而目前信息系统建设是以统筹地区为单位的，不仅省和省、市和市间无法做到信息共享，就是县、乡、镇也各不相同，缺少统一信息系统的支持是并轨后基金投资运营迟迟没有启动的原因之一。二是信息系统固有顽疾尚未消除，拖慢了机关事业单位并轨数据库建设速度。虽然目前各地通过建立统一的"金保工程"已在一定程度上提高了信息水平，但由于养老保险涉及的人群复杂，个人信息不能及时更新，不同业务、不同部门间信息无法共享，各地信息系统建设的基础不同，尤其是农村数据不完整也不规范。在信息系统建设中最关键的是建立统一标准的数据库，统一的数据库才能实现数据分析、处理和服务。由于长期以来数据库都是由各级地方政府自行建设的，各自有各自的标准和口径，水平各不相同，将这些局域网对接，主要存在三方面困难：一是录入的信息标准各不相同。各地录入信息的起始年份不同，信息范围各异，有的地区个人信息采集范围广，有的地区很简单，而且标准不同，业务数据和统计数据不一致的情况时有发生，地区间使用的专业术语也有所不同，加大了对接的难度和工作量。二是缺乏专业的技术人才。信息系统建设人才不仅要懂技术，还要懂业务，各部门技术人员本身就配备不足，复合型人才更为欠缺。三是技术要求高。目前，信息系统的运作有的是社保部门自行操作，有的委托给第三方操作。同时，软件开发版本复杂，要将不同新老软件对接存在升级、维护等方面的难题。

4.6.6 改革落实执行中的问题

一是机构设置及人员编制配置不够到位。改革前，由于机关事业单位工作人员不用缴纳养老保险，大多地区未设立机关事业单位养老保险经办机构。改革后，机关事业单位养老保险也是遵循分级统筹的原则，地市级政府陆续将机关事业单位养老保险业务划归行政管辖城区管理，而许多城区原来也没有设立机关事业单位养老保险经办机构，机构的申请、成立和组建需要获得相当过程的批准。另外，人员配置不足及落实未到位。在组建机构的基础上，人员的及时有效配置是推进机关事业单位工作人员养老保险制度改革的重要保障，而人员也需要经过一系列程序才可到位，导致人员配置的滞后。

　　二是执行部门间协同效率不够高。机关事业单位工作人员养老保险制度改革执行牵涉到政府多个执行部门，例如，关于机关事业参保单位性质、工作人员身份、财政经费保障方式、工资（退休费）标准核定等，须分别经单位主管部门、编制部门、财政部门和人社部门等多个部门逐个审核确认后，社会保险经办机构才能够办理参保登记手续。现有政策执行部门间协同效率不高，如办事程序、执行方法、办理流程和设置等方面在科学性和合理性上有待改进，政策执行方法较为落后。造成这些问题的因素中最为主要的就是信息化服务程度不高，部门间未建立有效的协同沟通机制，如某一部门环节脱节或部门间缺乏协调合作，则可能造成政策执行"停滞"，影响政策执行的效率。

　　三是参保人员主观意愿的阻力。机关事业职工参保的主观积极性不高，甚至对改革有排斥抗拒心理，导致政策执行的偏差和阻碍。究其原因，首先是机关事业单位工作人员养老保险制度改革问题具有很强的复杂性和相关性，例如，涉及"老、中、新人"养老保险新老制度的衔接及过渡，改革后社会保险待遇条件核准及视同缴费年限的核定，机关事业单位与企业间的相互转换等诸多不明确的问题，这些政策上不确定的因素会造成对机关事业单位工作人员思想上的顾虑。其次是参保人员对改革后待遇下降的担忧。机关事业单位工作人员对政策的态度在很大程度上取决于其对利益得失的判断，改革政策或多或少会对他们的利益产生不同程度的影响，有的甚至会对眼前利益造成损失，所以他们自身会有心理承受限度。若在他们的限度内，会为其所接受，使政策得以顺利执行；若超出其限度，就会有抵触或不接受该项政策的心理，政策则难以执行，导致政策目标的落空。尤其是"中人"群体，利益受到波及最大，对改革的顾虑也最大。

第5章 公职人员养老保险制度的国际经验

5.1 公职人员养老保险制度概况

5.1.1 公职人员养老保险制度安排

按照与国民基本养老保险制度的关系，世界上公职人员养老保险制度大体可以分为两类：一类是分离制度，或称并行制度，即对公职人员实行专门的养老保险制度；另一类是统一制度，即公职人员也参加统一的国民基本养老保险制度。根据世界银行的调查资料（2006）①，在158个可以获得相关养老保险制度信息的国家和地区中，有84个国家和地区实施分离的公职人员养老保险制度。从地区来看，分离的公职人员养老保险制度在南亚和非洲较为普遍，而拉丁美洲和东欧地区则由整合制度占主导地位，见图5-1。

更进一步地，按照制度的筹资模式以及和私人部门雇主养老金计划的关系，公职人员养老保险制度又可以划分为四种类型，见表5-1。

---

① Robert. Palacios and Edward Whitehousex，"Civil-service Pension Schemes Around the World"，SP Discussion Paper，NO. 0602，the World Bank，2006。

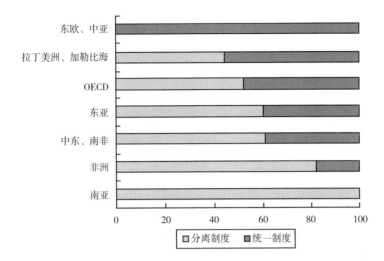

图 5 - 1 世界范围内的公职人员养老保险制度概况

资料来源：Robert. Palacios & Edward Whitehousex，Civil-service Pension Schemes Around the World，SP Discussion Paper，NO. 0602，the World Bank，2006.

表 5 - 1   公职人员养老保险制度类型及代表国家和地区

分离制度	1	专门的现收现付制度	阿根廷（部分省），哥伦比亚，巴西，比利时，法国，德国，希腊，爱尔兰，卢森堡，墨西哥，葡萄牙，秘鲁，土耳其
	2	专门的基金制或部分基金制	韩国，印度，中国香港，印度尼西亚，约旦，马来西亚，菲律宾，西班牙，新加坡，泰国，中国台湾，美国（部分州）
统一制度	3	国民基本养老保险制度 + 专门的补充职业年金	澳大利亚，奥地利，加拿大，哥斯达黎加，丹麦，芬兰冰岛，意大利，日本，荷兰，挪威，瑞典，瑞士美国（联邦公务员和部分州）
	4	国民基本养老保险制度 + 统一的补充职业年金	阿根廷（联邦和部分省），智利，捷克斯洛伐克，匈牙利，波兰乌拉圭

资料来源：Vinicius Carvalho Pinheiro，Pension fund for Government workers in OECD countries，OECD，2005.

5.1.1.1 分离的现收现付制公职人员养老保险制度

在这一组国家中，绝大多数公职人员养老金计划不要求雇员缴费，国家财政拨付通常是其主要筹资来源。这些制度存在一个很明显的问题，即养老金给付所带来的国家财政负担日益严重，例如，巴西的公职人员养老金支出占当年 GDP 的 4.5%（2004 年），其他国家相应的比例为：比利时 3.5%（1998 年），法国 3.4%（2000 年），土耳其 2.2%（2003 年）等。"并轨"改革前我国的机关事业单位养老保险制度也属于这种类型。

5.1.1.2　分离的完全积累或部分积累的公职人员养老保险制度

在美国，加利福尼亚、佛罗里达、新泽西、佐治亚、威斯康星州以及纽约市的政府雇员养老基金在治理、投资以及筹资等方面不受联邦政府的直接管辖，它们大多是待遇确定型（DB）计划，并且积累了高额的基金资产规模。在印度，雇员公积金（employees' provident fund）覆盖了 2000 万名以上的公务员，是世界上参加者人数最多的公共部门养老基金之一，其最近的改革对新雇员提供了一个由政府和雇员共同缴费的可携带性缴费确定型（DC）养老金计划。韩国、西班牙等国家也对公职人员实行分离的基金积累制养老保险制度。

5.1.1.3　部分统一的公职人员养老保险制度

在这一组国家和地区中，公职人员参加全国统一的基本养老金计划，同时参加特别的补充养老金计划。加拿大的大多数政府雇员参加国家基本养老金计划，同时政府还为他们提供特别的补充养老基金。实际上，加拿大养老基金规模前十名中有 8 个是政府雇员的养老金计划，而这其中 DB 计划大约覆盖了 95% 的成员。美国政府从 1984 年开始对联邦政府雇员养老保险制度实施了改革，1984 年之后的新雇员全部参加国家基本养老金体制——老年、遗属及残障保险（OASDI），同时，新雇员还参加一个独立 DC 计划即联邦储蓄计划（thrift savings plan）。这项改革也被一些州政府采纳。日本也从 1986 年起将原来分设的公务员、私营企业雇员和个体经营者养老保险制度统一起来，建立了部分积累的现收现付制国民年金制度，同时对公务员建立了专门的补充性养老金计划。意大利自 1995 年起对公务员实行基于名义 DC 安排的养老金计划，这种安排与私人部门相一致。奥地利于 2004 年 11 月出台了一项私人部门与公职人员统一化的养老保险法案。

在澳大利亚和英国，所有雇员都参加全国基本养老保障系统，但是在补充养老机制上有不同之处。澳大利亚私人部门雇员的补充养老金计划只能是 DC 计划，而公职人员补充养老金计划，如澳大利亚联邦政府退休计划和一些州的计划（如新南威尔士）采取的则是一些混合型的安排。

丹麦、荷兰和芬兰在形式上采取分离的公职人员养老保险制度，但是制度的原则与私人部门养老金计划是一致的。丹麦公职人员养老保险制度于 19 世纪 50 年代由原来的非缴费性雇主资助 DB 计划转为缴费性 DC 计划。荷兰政府雇员及军队、水利、学校、文化等公共服务人员统一参加养老金计划 ABP。这个设立于 1922 年的养老金计划是一个 DB 计划，近年来荷兰也开始提供一个小规模的 DC 补充计划。

5.1.1.4　完全统一的养老保险制度

第四组国家和地区大多在 20 世纪 80 和 90 年代进行了根本性的养老保险制度结构改革，建立了强制性的私营管理基金制个人养老保险制度，这组国家以智利为代表。受智利的影响，拉丁美洲很多其他国家也纷纷进行了类似的改革。在这些国家，公职人员参加全国统一的养老保险制度，与私人部门雇员的养老制度没有本质差异。以智利为例，1981 年进行了养老保险制度私有化改革，将改革后新参加工作的公职人员也纳入新养老保险制度，规定公职人员和社会其他人员一样实行"个人资本化账户"，缴纳工资的一定比例建立个人账户，由私营公司管理，参加者获得账户本金利息和投资收益并缴纳服务费用。参加者在退休前不能取回其存入的退休养老基金，但允许其在缴纳一定管理费用后自由更换基金管理机构。这一规定对所有从业人员是一致的，没有公职人员和私人部门雇员的分别，只是公职人员的养老基金由政府负责从工资中代为扣缴并转到养老基金管理公司。

可见，公职人员养老保险制度涉及面广，形式多样，在国与国之间有较大的差异。纵观各国公职人员养老保险制度的发展，有一个较为统一的趋势是由分离向统一过渡，逐步与私人部门雇员的养老保险制度相衔接，构造在框架上统一的养老保障体系。但是，各国在与私人部门制度相统一的模式和程度上有所差别。

5.1.2　世界公职人员养老保险制度的设计特征

与覆盖私人部门雇员的全国性养老保险制度相比，公职人员的养老保险制度在资格条件、待遇水平、缴费等方面有较大的区别。以下通过与全国性养老保险制度的对比，反映公职人员养老保险制度的特征。

5.1.2.1　成员的资格条件

对于制度规定的正常退休年龄，通常在两个制度中都有相同的规定，在有些国家，公职人员的正常退休年龄低于私人部门，如澳大利亚、奥地利、葡萄牙、西班牙、英国等。同时，由于公职人员的预期寿命相对较长（Palacios，2006），因此，那些公职人员退休年龄偏低的国家，其领取退休金的时期比其他雇员更长。

根据100多个可获得信息的国家和地区的数据，男性的平均正常退休年龄为58.5岁，由于某些国家女性退休年龄低于男性，因此，女性平均退休年龄也偏低。

在某些国家，领取退休金的资格与年龄无关，而只与工龄挂钩。例如，在墨西哥，男性和女性雇员只要工龄分别超过30年和28年，可以在任何年龄退休并领取养老金；在伊朗，该年限则分别为30年和20年。不过这种情况正在逐渐减少。例如，巴西和土耳其分别在1998年和1999年设立了正常退休年龄的规定。

5.1.2.2　待遇水平及调整机制

大多数的公职人员养老保险制度采取待遇确定型。待遇确定型养老金计划采取以支定收的筹资方式，即预先确定退休后的养老金待遇水平，根据精算平衡原理确定缴费和筹资。因此，待遇确定型养老金计划相当于为参加者提供了未来的养老金承诺，并为此负有责任。通常，DB 养老金计划根据待遇公式确定未来养老金待遇。待遇公式一般包含三个因素：工资水平、工龄和计发系数。

计发系数为每工作一年可获得的养老金权益占工资收入的比例。计发系数通常是线性的，即每年相等。表 5 - 2 给出了 OECD 国家公职人员中终身工作的雇员可以得到的养老金替代率，为了对比，也给出了国民养老金计划的最高替代率。在东欧国家，公职人员与私人部门雇员在养老金待遇模式上非常接近。例如，芬兰、荷兰和瑞典，私人部门雇员的职业年金计划通常提供与公职人员一样或十分接近的养老金待遇计算模式。芬兰这一模式是由法律确定下来的，而荷兰和瑞典则主要是由私人部门强大的集体谈判机制促成的。

表 5 - 2　　　　　OECD 国家公职人员养老保险制度待遇水平

国家	公职人员制度		国民制度
	计发系数	最高替代率	最高替代率
澳大利亚	1.65 ~ 3.4	66 ~ 88	52
奥地利	2	80	80
比利时	1.667	75	60
加拿大	2	90	56
芬兰	1.5	60	60
法国	2	75	71
德国	1.875	75	46
希腊	1.714	69	
冰岛	1.9	76	73
意大利	—	80	66
卢森堡	1.667	83	71
挪威	2.2	66	53
葡萄牙	2	80	

续表

国家	公职人员制度		国民制度
	计发系数	最高替代率	最高替代率
西班牙	—	95	88
瑞典*	0.33~2.17	73	76
瑞士	—	65	58
美国	1.25	67	37

注：＊表示瑞典的累计率随收入水平而变动。

资料来源：Robert. Palacios & Edward Whitehouse, Civil-service Pension Schemes Around the World, SP Discussion Paper, NO.0602, the World Bank, 2006.

5.1.2.3 制度的筹资

公职人员养老保险制度区别于私人部门制度的另外一个方面是筹资方式。

（1）基金积累程度。首要的一个区别是关于建立基金以应对未来债务对应的程度。公职人员养老保险制度通常在现收现付制基础上建立起来，只有不到四分之一的制度积累了基金，而相比之下，超过半数的国民养老金计划都或多或少积累了基金。

在全球十余年的养老保险制度改革中，国民养老保险制度的改革趋势是更多地积累资金，并采取新的缴费确定制。最近的例子包括泰国（1997年）、巴拿马（1998年）、波斯瓦那（2001年）、中国香港（2001年）、印度（2004年）、尼日利亚（2004年）和澳大利亚（2005年）等。

（2）缴费问题。有关筹资问题的第二点是雇主与雇员向计划的缴费情况。约1/4的非基金制计划是"非缴费型"的，即不存在任何显性的雇主或雇员缴费。这种计划的退休金支出完全由政府财政承担。在加勒比海、非洲南撒哈拉和东亚的前英国殖民地国家，这种情况非常普遍。

在一定程度上，公职人员养老保险制度究竟是由缴费来筹资，还是直接由财政预算拨付，并不是一个实质性的问题。由于公职人员的雇主是政府，因此雇主缴费本来来自财政。就算是雇员缴费，其效果也是有争议的，因为公职人员的工资并不是由产出或市场决定的，最终也还是由中央或各级地方财政支出。但是，一个没有缴费的计划是缺乏透明度的，并且使得对养老保险制度的改革更为困难。

5.2　美国的公职人员养老保险制度及改革

5.2.1　美国养老保障体系概况

目前美国的政府雇员与企业雇员都参加三支柱的养老金体系，已经形成了以老龄、遗属及残障保险（OASDI）为第一支柱，职业养老金为第二支柱，个人储蓄养老计划为第三支柱的养老金体系（见图5-2）。第一支柱实行部分积累制和待遇确定型计划，覆盖了包括政府雇员在内的全体社会成员。基金由政府统一管理，通过税收筹资。目前的缴费率是雇主和雇员各负担6.2%，如果是自雇者则要缴纳12.4%。第二支柱中，政府雇员参加公职人员职业养老金计划，企业及其他雇员参加私人部门雇主养老金计划。公职人员职业养老金基本上采取待遇确定型（DB）计划，私人部门职业养老金包括待遇确定型（DB）和缴费确定型（DC）两种模式。DC计划中又包括401（k）计划、员工奖励计划、403（b）计划以及457计划①。

图 5-2　美国公职人员养老保险制度

资料来源：作者根据美国有关政策整理得到。

---

① 401（k）计划：私人部门的雇主和雇员每月按照一定比例将资金存入相应的账户，属于可延期缴税的养老金计划；403（b）计划：性质与401（k）计划类似，主要针对教育机构及非营利组织的雇员；457计划：性质与401（k）计划类似，针对州及地方政府公务员的延税型DC计划。

第三支柱政府雇员和私人部门雇员均可参加，包括个人退休账户（IRAs）和商业养老保险。在基金积累方面，第二支柱和第三支柱基本上采取完全积累制，分别由企业和个人主导，起到储蓄和防范长寿风险的功能。联邦政府通过各种优惠政策来支持和引导二、三支柱的发展，通过多样化的投资手段使基金保值增值，以起到充分的补充作用。目前第二支柱在整个美国养老金体系中占比最大，第三支柱次之，第一支柱最小，二、三支柱在美国养老金体系中发挥主要作用。

5.2.2 联邦雇员养老保障制度

5.2.2.1 旧的 CSRA 计划

美国政府于 1920 年建立了公务员退休计划（civil service retirement system，CSRS），该计划建立之初实行现收现付制，此时美国社会尚未建立完整的社会保障制度，私人部门也被排除在这一计划之外。随后，在 1929~1933 年大萧条期间产生的社会问题使美国民众和联邦政府意识到有必要建立一个覆盖全社会的养老保障体系，因此，美国联邦政府出台了《社会保障法》，确立了基本的社会养老保障体系。1940 年建立并开始运转联邦老龄、遗属保险（the federal old-age and survivors insurance trust funds，OASI），1956 年加入残障保险基金并成立"联邦老年、遗属和残障保险信托基金"（the federal old-age and survivors insurance and disability insurance trust funds，OASDI）。但公务员群体已经加入 CSRS 计划，因此并不参加国民基本养老保障体系。

5.2.2.2 新的 FERS 计划

随着政府雇员退休人数的不断上升、政府雇员与社会人员养老待遇水平差距的不断加大以及财政压力的不堪重负，美国社会私人部门雇员纷纷呼吁统一公务员养老保险制度与社会基本养老保险制度。虽然公务员群体强烈反对这一提议，但迫于不断加重的财务危机，1987 年里根政府决定将公职人员与私人部门纳入统一的养老保障体系，一项新的联邦政府雇员退休计划——

联邦雇员退休体系（federal employee retirement system，FERS）得以建立。联邦政府同时规定，新入职的联邦雇员不再加入旧的 CSRS，而必须统一加入新的 FERS；已经加入 CSRS 的"老人"可以选择留在旧的 CSRS，也可以选择加入新的 FERS。因此，随着时间的推移，当旧的 CSRS 系统中最后一个参保人去世后，这项系统也会消失于历史的长河之中，而新的 FERS 系统将成为联邦政府雇员主要的养老金计划。

FERS 系统中的第一支柱为社会基本养老保险制度，即 OASDI，但旧CSRS 系统中的联邦雇员并未加入。FERS 系统中的第二支柱为公职人员职业年金，该年金基本上采用完全积累制和待遇确定型（DB）。对于旧的 CSRS系统人员，雇员自身缴纳的养老金和国债投资收益无法满足现实的养老金需求，因此政府会进行财政兜底；而在建立新的 FERS 系统之后，该部分养老金的缴纳由雇主和雇员以及国债投资收益三方分担。FERS 系统中的第三支柱为联邦节俭储蓄计划，采取完全积累制和缴费确定制（DC），由雇主和雇员共同分担缴费。

5.2.3　州及地方雇员养老保障制度

5.2.3.1　计划概况

美国州及地方政府雇员主要包括治安人员、教育系统人员、卫生人员以及其他的公共雇员。根据美国人口统计局的数据可知，截至 2018 年，州和当地雇员占美国劳动力的 13.8%。大约 25% 的州和地方雇员没有享受社会保障，其中包括近 1/2 的教师以及 2/3 以上的消防员和公共安全官员。截至2018 年，美国州及地方共建立了 6 276 个公共养老金计划，其中州一级建立了 299 个养老金计划，地方一级建立了 5 977 个养老金计划。这些计划的总资产为 4.3 万亿美元，覆盖 1 450 万名在职人员和 1 030 万名退休人员，同时每年有 2 883 亿美元的收益分配。

绝大多数州及地方养老金计划采取待遇确定型（DB），即预先规定雇员退休待遇，缴费则根据未来待遇，在一定的精算假设（即收益率、离职率、死亡率等退出概率，工资增长率等假设）下，基于精算方法计算每年缴费。
50 个州内仅有密歇根州和内布拉斯加州未提供 DB 养老金计划。部分州和地
方养老金计划实行 DC 制，主要将其作为 DB 养老金计划的补充。州和地方政
府养老金计划中，大约有86% 的全职雇员参加 DB 计划，管理者、专业人士
和教师参与 DB 养老金计划的比例分别为80% 、80% 和81% ，相应地参加
DC 养老金计划的比例分别为17% 、15% 和14% 。

5.2.3.2　待遇及缴费

对于美国州及地方待遇确定型养老金计划，养老金待遇由三个因素决定：
退休前若干年的平均工资、工作年限及计发系数。计算公式如下：

$$B = \bar{s}_m \times n \times k$$

其中，B 为养老金待遇；$\bar{s}_m$ 为雇员退休前 m 年的平均工资；n 为退休前工龄；
k 为计发系数。m 的取值大多在 3 ~ 5 之间。由于工资水平随工作年限的增加
而上升，这样的计发基数比终生平均工资更为慷慨。计发系数表示每工作一
年可以得到工资基数的百分比。

在缴费方面，各州基本都采取雇主与雇员共同缴费，雇员缴费率通常小
于雇主缴费率。

表 5 - 3 总结了美国各州养老金计划的待遇及缴费规则。

表 5 - 3　　　　美国各州政府雇员养老金计划的待遇和缴费规则

州	正常退休年龄（NRA）	平均工资年数 m	计发系数 k（%）	雇员缴费率（%）	雇主缴费率（%）
亚拉巴马州	60（10）；25 年	3	2.0125	5.0	7.78
阿拉斯加州	60（5）；30 年	5	10 年以下：2.0 10 ~ 20 年：2.25 20 以上：2.5	6.75	16.77
亚利桑那州	65；62（10）；R80	3	20 以下：2.1； 20 ~ 25 年：2.15； 25 ~ 30 年：2.2； 30 年以上：2.3	9.1	9.1

州	正常退休年龄（NRA）	平均工资年数 m	计发系数 k（%）	雇员缴费率（%）	雇主缴费率（%）
阿肯色州	65（5）；28 年	3	2.0	5.0	12.54
加利福尼亚州	55（5）	1	55：2.0；63：2.5	6.0	10.356
科罗拉多州	55（30）；65（5）；R80	3	2.5 上限不超过 FAS	8.0	10.15
康涅狄格州	62（10）；60（25）	3	社保抵消1.83%	2.0	—
特拉华州	62（5）；60（15）；30 年	3	1.85	大于 $6 000：3.0	6.1
佛罗里达州	62（6）；30 年	5	1.68	—	6.72
佐治亚州	60（10）；30 年	2	2.0，上限不超过收入的90%	1.25	10.41
夏威夷州	62（5）；55（30）	3	2.0	6.0	13.75
爱达荷州	65（5）；R90	3.5	2.0 上限不超过 FAS	6.23	10.39
伊利诺斯州	60（8）；R85	4	1.67 上限为 FAS 的75%	4.0	210.5 百万美元
印第安那州	65（10）；60（15）；R85	5	1.1 加上货币购买力	3.0	4.7
爱荷华州	65；62（20）；R88	5	30 年以下：2.0；30 年以上：1.0	3.7	5.75
堪萨斯州	65；62（10）；R85	3	1.75	4.0	5.27
肯塔基州	65（4）；27 年	5	1.97	5.0	5.89

州	正常退休年龄（NRA）	平均工资年数 m	计发系数 k（%）	雇员缴费率（%）	雇主缴费率（%）
路易斯安那州	60（10）；55（25）；30 年	3	3.3 上限为 FAS	7.689	19.1
缅因州	60（5）	3	2.0	7.65	15.09
马里兰州	60（5）；30 年	3	1.8 上限为 FAS	2.0	9.18
马萨诸塞州	55（10）；20 年	3	与年龄有关，从 0.5 到 2.5 上限为 FAS 的 80%	8.3	2.9
密歇根州	60（10）；55（30）	3	1.5	—	13.6
明尼苏达州	SS NAR	3	1.7	4.0	4.0
密西西比州	60（4）；25 年	4	25 年以下：2.0，25 年以上：2.5 上限不超过 FAS	7.25	10.75
密苏里州	65（5）；60（15）；R80	3	1.7	—	12.59
蒙大拿州	60（5）；65；30 年	3	25 年以下：1.785，25 年以上：2.0	6.9	6.9
内布拉斯加州	55	现金购买计划		4.8	雇员缴费率的156%
内华达州	65（5）；60（10）；30 年	3	2.6 上限为 FAS 的 75%	10.5	10.5
新罕布什尔州	60	3	65 岁之前：1.67；65 岁之后：1.515	6.3	6.7
新泽西州	60	3	1.82	5.0	$7.97 百万美元

续表

州	正常退休年龄（NRA）	平均工资年数 m	计发系数 k（%）	雇员缴费率（%）	雇主缴费率（%）
新墨西哥州	60（20）；65（5）；25 年	3	3.0，上限为 FAS 的 80%	7.42	16.59
纽约州	62（5）；55（30）	3	20 以下：1.67；20～30 年：2.0；30 以上：3.5	3.0	8.0
北卡罗来纳州	65（5）；60（25）；30 年	4	1.82	6.0	2.66
北达科他州	65；R85	3	2.0	4.0	4.12
俄亥俄州	60（5）；30 年	3	30 年以下：2.2 30 年以上：2.5 上限不超过 FAS	9.0	13.54
俄克拉何马州	62（6）；R90	3	2.0	3.0～3.5	11.5
俄勒冈州	65；58（30）	3	1.5% 加上货币购买力	8.0	8.04
宾夕法尼亚州	60（3）；25 年	3	2.5 上限不超过最高工资	6.25	3.52
罗得岛州	60（10）；25 年	3	10 年以下：1.7 10～20 年：1.9 20～35 年：3.0 35 年以上：2.0 上限为 FAS 的 80%	8.75	14.84
南卡洛琳娜州	65；28 年	3	1.82	6.25	7.55
南达科他州	60（3）；R85	3	2002 年 7 月 1 日之前：1.625 之后：1.55	6.0	6.0
田纳西州	60（5）；30 年	5	低于 SS cap：1.5 超过 SS：1.75 上限为 FAS 的 94.5%	—	7.3

续表

州	正常退休年龄（NRA）	平均工资年数 m	计发系数 k（%）	雇员缴费率（%）	雇主缴费率（%）
得克萨斯州	60（5）；R80	3	2.3 上限不超过 FAS	6.0	6.45
犹他州	65（4）；30 年	3	2.0	—	11.59～14.52
佛蒙特州	62；30 年	3	1.67 上限为 FAS 的 50%	3.35	6.26
弗吉尼亚州	65（5）；50（30）	3	1.7 上限不超过 FAS	5.0	6.62
华盛顿州	65（5）	5	2.0	6.0	2.25
西弗吉尼亚州	60（5）；R80	3	2.0	4.5	10.5
威斯康星州	65；57（30）	3	1.6 上限为 FAS 的 70%	5.0	4.5
怀俄明州	60；R85	3	15 年以下：2.125；15 年以上：2.5	5.57	5.58

注：（1）60（10）是指具有 10 年工作年限的年龄为 60 岁的雇员就达到了正常退休年龄，下同。（2）30 年是指一些州允许雇员获得正常福利的最低服务年限。（3）计发系数的分档指标为雇员的工作年限。（4）R80 是指当雇员的年龄与服务年限之和等于 80 时该雇员就达到了正常退休年龄。（5）FAS 是指雇员在最后的平均工资。

资料来源：Olivia S. Mitchell and Edwin C. Hustead, *Pensions in the Public Sector*, University of Pennsylvania Press, 2000.

5.2.3.3　养老金计划的运行机制

大部分州和地方的公共养老金计划由专门设立的公共退休委员会进行管理和运营，委员会仅为公共养老金计划参加者的利益负责。公共退休委员会必须确保遵守以下要求：一是遵守州和地方的法律和监管；二是遵守有关的联邦要求，如与信托和资产投资的税收资格有关的要求；三是遵守行业标准，如会计、财务和精算标准；四是遵守公共退休计划设定的政策、程序和战略计划。委员会的职责包括任命和监督高级管理人员、批准预算、监督和批准养老金支付。有些委员会还承担着监督基金投资、确定精算假设、批准缴款率、提出法律修订建议等职责。除此之外，大约还有 30% 的州不是由专门的公共退休委员会对养老基金资产进行管理和运营。例如在康涅狄格州、密歇根州、纽约州和北卡罗来纳州，这项责任被授予唯一的受托人；还有的州设立单独的实体，例如马萨诸塞州养老金储备投资管理委员会、明尼苏达州投资委员会，以及俄勒冈州投资委员会。

5.2.3.4 投资情况

大多数公共养老基金投资于广泛的投资组合，目的是产生具有可接受风险水平的投资收益。公共养老金在考虑各种因素的情况下制定目标资产分配方案，包括基金的风险承受能力、预计的福利支出、预期缴款以及优化风险水平和资金回报水平。2018 年，有 48.39% 的资产投资于股票，21.77% 的资产投资于固定收益资产，8.97% 的资产投资于私募股权，8.39% 的资产投资于房地产，10.58% 的资产投资于现金（见表 5 - 4）。

表 5 - 4 　　　　　2001 ~ 2018 年美国州及地方养老金计划资产配置 　　　单位:%

年份	股票	固定收益资产	私募股权	房地产	现金	其他
2001	57.73	31.47	3.62	4.43	1.85	0.81
2002	56.66	32.76	3.59	4.63	1.68	0.62
2003	58.59	30.47	3.63	4.44	2.00	0.82
2004	61.90	27.68	3.50	4.24	1.64	0.97
2005	61.35	27.80	3.91	4.40	1.39	1.13
2006	61.62	26.43	4.12	4.97	1.61	1.19
2007	59.89	25.91	4.77	5.53	1.70	2.18
2008	54.01	27.42	6.59	6.85	1.61	3.48
2009	50.41	29.05	7.44	6.32	2.55	4.24
2010	50.70	27.75	8.28	6.01	2.01	4.98
2011	51.80	24.56	8.66	6.73	2.34	5.87
2012	49.61	24.61	9.22	7.93	2.04	6.56
2013	50.99	22.50	8.78	7.90	2.22	7.59
2014	51.49	21.49	8.46	7.67	2.21	8.64

续表

年份	股票	固定收益资产	私募股权	房地产	现金	其他
2015	50.06	22.08	8.41	8.17	1.86	9.36
2016	48.44	22.82	8.51	8.84	1.71	9.65
2017	49.45	21.83	8.43	8.38	1.99	9.92
2018	48.39	21.77	8.97	8.39	1.82	10.58

资料来源：https://publicplansdata.org/quick-facts/national/#investments。

5.2.4 美国公职人员养老保险制度的改革及发展

5.2.4.1 1987 年之前：分离制度

纵览美国政府雇员养老保险制度的改革历程可以发现，1920 年建立的公务员退休计划（CSRS）要早于 1935 年经《社会保障法》所确立的国民养老金体系。而且从国民养老金体系建立之初，政府雇员就被排除在外。在 1987 年联邦雇员退休体系（FERS）建立之前的这几十年中，政府雇员的养老金体系一直独立于国民养老金体系之外，长时间的双轨制加重了财政负担、引发了一系列社会问题。

5.2.4.2 1987 年之后：开始统一

美国联邦政府在 1986 年制定并颁布了《联邦雇员退休制度》。1987 年联邦雇员退休体系正式建立，养老金实现"并轨"，政府雇员被纳入国民养老金体系之中，同时美国政府采取一系列激励政策来促进二三支柱养老金的发展，加强养老金与资本市场之间的良性互动，形成了多层次、多元化、市场化的保障体系，既提高了私人部门雇员的养老金水平，又在很大程度上保全了政府雇员的利益，不仅实现了既定的政策目标，还产生了良好的社会效应，可以说是养老保险制度改革的成功典范。

5.2.4.3 最新的改革动向

2019 年美国众议院通过了《退休金法案》（Setting Every Community Up

for Retirement Enhancement，SECURE Act），该议案主要是针对二三支柱的改革。一方面，该议案扩大了二三支柱的覆盖人群。以 401（k）计划为例，计划的参与门槛降低，更多的小企业及其雇员可以加入其中，计划的覆盖率将得到提升。另一方面，该议案激励了雇主和个人的缴费。例如，通过提供税收优惠、放宽缴费限制来刺激缴费；延长养老金账户的最迟取款年龄，废除年满 70.5 岁即不能往传统个人退休账户（IRA）账户存钱的限制。

从美国养老金体系的整体发展历程来看，在政府雇员被纳入国民养老金体系之后，美国形成了完善的三支柱养老金体系。各支柱分工明确，第一支柱强调覆盖的广泛性和保障的基本性；二三支柱强调补充作用，以充分提高养老金替代率和保障水平。在资金的运营管理方面注重与资本市场的联动作用。庞大的养老金资产为资本市场提供了强力的资金支持，健康、成熟的资本市场又促进了养老金资产的保值增值。因此，建立完善的三支柱养老金体系，充分挖掘二三支柱的发展潜力，实现养老金资产与资本市场的良性互动是目前养老保险制度比较成功的发展经验。

5.3　亚洲国家公职人员养老保险制度及改革

5.3.1　日本

5.3.1.1　国民养老金体系概述

日本养老保险制度，又称年金制度，可分为三个层次，采取了"基础养老金＋职业养老金＋个人自愿参加的养老金计划"模式。第一层次为国民年金制度，日本法律规定处于法定年龄段的国民必须参加。第二层次为职业年金制度，在参加国民年金的基础上，企业雇员和公务员分别加入厚生年金和共济年金。2015 年（平成 27 年）10 月起，共济年金一元化，归为厚生年金。第三层次为私人养老金，包括不同类型的企业年金和个人养老计划，企业与个人可自由选择加入。第一层次和第二层次由政府运营且有强制性，所以统称为公共年金；第三层次被称为私人养老金，具体见图 5－3。

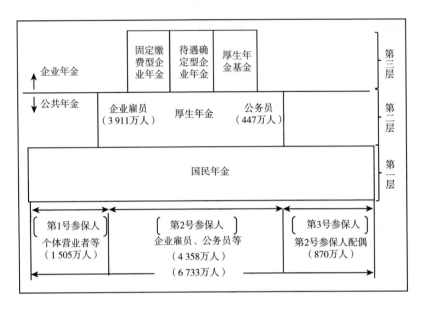

图5-3　日本养老保险制度

资料来源：根据日本厚生劳动省官网资料整理得到（https://www.mhlw.go.jp/content/）。

　　日本公职人员养老保险制度可分为三个部分，即国民年金制度、共济年金和公职人员退休津贴制度。这种制度与其他群体养老保险制度既部分融合又相对独立，兼顾了公平与效率。国民年金制度面向全体国民，日本公职人员和其他人员在缴费和待遇给付方面是相同的，保证了不同群体享有待遇统一的基础养老保金，反映了养老保险制度的公平性。厚生年金和共济年金并轨前缴纳和领取标准并不相同，并轨后按阶段调整，逐步统一。考虑到公职人员的职业特点，日本还建立了公务员退休津贴制度，退休津贴由财政负担并一次性支付。通过补偿公职人员长期在政府机关的服务，在一定程度上对这一特殊性质的服务群体可以起到激励作用。日本的公务员个人年金主要是个人投资的金融类产品，由个人自愿选择和管理，属于完全自愿性计划。

5.3.1.2　共济年金制度

　　共济年金制度是日本公务员养老保险制度的核心部分，是为提高本国公务员的福利而建立的，主要适用于政府公务员、军人、法官和各类学校教师。

共济年金涵盖了不同的共济组合，主要由国家共济年金组合、地方公务员共济组合、私立学校教职员共济组合和农林渔业团体职员共济组合这四种方式构成。不同的共济组合保险费的标准不同，一般缴费比率为每月工资收入的 11.16% ~ 16.76%。

日本的共济年金制度为 DB 计划，属于政府强制性的养老计划，由政府统一管理运营。共济年金可分为国家和地方两个部分，国家公务员共济年金制度是根据《国家公务员互助公会法》建立的，该法于 1958 年 7 月开始实行。地方公务员共济年金制度是依据 1962 年起开始实施的《地方公务员互助公会法》建立的，主要针对的是地方公务员。国家共济年金的缴费由政府和个人各负担 7.6%，缴费比率总计 15.2%。地方共济年金的缴费同样由政府和个人构成，个人缴费 8.8%，单位负担 8.9%，缴费比率总计 17.7%。中央、各省都组建有具有独立法人地位的共济工会负责该等年金的发放和管理，且中央与地方的共济工会相互间没有隶属关系。

参加共济年金的成员，领取到的养老金可以分为三个方面：基本养老金、残障养老金和遗属养老金（见表 5-5）。日本老龄化现象显著，养老负担不断加重，在不同成员领取养老金时做了缴费年限的相关规定。日本将共济年金的缴费年限规定为 20 年，将国民年金的缴费年限规定为 25 年。成员的养老金总额是由雇员的平均工资和服务年限共同决定的。成员在领取时，只能够采取年金的方式按月领取，而养老金的额度也随着消费者价格指数（CPI）进行指数化调整。此外，日本的共济年金属于日本税法中规定的其他收入，领取年金时，依法纳税，征税模式为 EET。

表 5-5　　　　　　　　　　　共济年金退休待遇构成

待遇支付	分类	内容
基本养老金	一般待遇	65 岁以后退休，领取全部养老金，否则进行相应扣减
	特别待遇	60 岁退休，就可领取到全部的养老金
残障养老金	基本残障养老金	按月发放
	一次性残障补助	一次性支付，补助额度为基本残障养老金的 2 倍
遗属养老金	家属按照法定继承顺序领取养老金，领取额度为成员基本养老金的 75%	

资料来源：根据相关资料文献整理得到。

5.3.1.3　改革与发展的特点

"二战"以来，随着日本经济社会发展环境的变化，其公务员养老保险制度也在不断完善之中。尤其是 20 世纪 80 年代以后，受人口老龄化程度严重、经济发展放缓、养老保险制度负担较重等因素的影响，日本开始对公务员养老保险制度进行了一系列改革，不断进行制度完善，增加了公务员养老保险制度的财务可持续性与在经济社会发展中的适应性。

一是实现多层次。1985 年，日本陆续通过《国民年金法》《厚生年金法》《共济年金法》修正案，这三个法案均从 1986 年 4 月 1 日开始实行。通过将国民年金的覆盖范围扩展到全体国民，日本建立起全民适用的基础养老保险制度，形成了以国民年金为基础的第一层国民保障体系。在国民基础年金之上，厚生年金和共济年金成为第二层保障体系，但此时厚生年金与共济年金存在明显差距，公职人员的共济年金待遇水平比私营企业职工高出很多。

二是增加缴费和降低养老金待遇。2003 年，日本总务省决定将国家公务员的退休金支付额削减 6%。同年 11 月颁布的《年金制度改革方案》提高了缴费，规定 2004 年以后厚生年金和共济年金的缴费标准每年以 0.354% 的速度增加，到 2017 年时，增加到 18.3%。

三是共济年金统一化改革，消除"双轨制"，将公务员养老保险制度与国民养老保险制度并轨，形成具有特色的二层公共养老体制。由于厚生年金制度与共济年金制度这两种制度在年金待遇方面的不平等，导致了私营企业职工和公务员两大群体的矛盾，使得人们对于公共年金制度的不满日益严重。为解决公共年金制度面临的危机，日本政府在 20 世纪 60 年代就提出了将年金制度一元化，并开始积极部署实施。2012 年，日本年金制度一元化改革取得显著成果。2012 年通过第 63 号法案，规定自 2015 年 10 月 1 日起，在公共养老金的第二层中，将共济年金并入厚生年金，统称为厚生年金，同时废除共济年金所特有的职域年金，共济年金的组织仍将保留，继续执行征收缴费、提存准备金的运用、给付事务费用等工作。

经过多年的改革与发展，日本已建立了多层次、多制度、全方位的养老保障制度，既包含和普通国民待遇一致的国民年金制度，又单独为公务员设立了共济年金制度和养老津贴制度。在公平的基础之上，充分体现了效率优先。

5.3.2　韩国

5.3.2.1　国民养老金体系概述

韩国养老保障体系也基本采用了"基础养老金 + 职业养老金 + 个人自愿参加的养老金计划"模式，形成了以第一支柱为主体、第二和第三支柱特色发展、零支柱保障低收入老年家庭的多支柱养老金体系。

公共年金制度是韩国养老保险制度的核心。韩国的公共养老保险制度起源于 20 世纪 60 年代，由国民年金（national pension scheme，NPS）和公务员年金两个主要支柱构成。国民年金以一般国民为对象，公务员年金则由针对三个特殊职业群体的公务员年金、军人年金和私立学校教职员年金组成，统称为特殊职业年金。公务员、军人及私立学校教工这三个特殊职业养老金计划与国民养老金计划较为全面地涵盖了各类人群，形成了第一支柱的公共养老社会保障制度。1994 年和 2005 年，韩国分别引入了第三支柱个人养老金计划（private pension scheme，PPS）和第二支柱退休养老金计划（retirement pension scheme，RPS）作为国民养老金计划的补充。2008 年，韩国引入基础老年养老金计划（basic old-age pension scheme，BOAPS），资金由财政拨付，用于保障低收入老年家庭，构成了零支柱（见表 5 - 6）。

表 5 - 6　　　　　　　　　　韩国养老保障体系及内容

体系	养老金计划	实施内容
零支柱	基础老年养老金计划	年满 65 周岁以上老人中 70% 的低收入人群，根据其家庭收入情况，每月将能领取 10 万韩元（约合 614 元人民币）至 20 万韩元（约合 1 228 元人民币）的养老金补助
第一支柱	国民养老金计划、特殊职业养老金计划	1988 年建立国民养老金计划：部分积累的 DB 计划，强制参加；1960 年建立政府雇员养老金计划：DB 计划，强制参加；1963 年建立军人养老金计划：DB 计划，强制参加；1975 年建立私立学校教职员养老金计划：DB 计划，强制参加

续表

体系	养老金计划	实施内容
第二支柱	退休养老金计划	2005 年韩国颁布《雇员退休收入保障法》，引入退休养老金计划，企业年金包括确定给付型（DB）计划和确定缴费型（DC）计划，均采取递延纳税（EET）模式雇员自行选择投资组合； 监管机构主要为雇佣劳动部和金融委员会； DB 和 DC 计划缴费比例为 8.3%，由雇主承担； 退休养老金计划的领取条件为年满 55 岁，且加入满 10 年
第三支柱	个人养老金计划	1994 年引入，个人养老金产品主要分为养老金积累型产品（EET 递延纳税模式）和养老金保险类产品（TEE 税收优惠模式），主要监管机构为企划财政部和金融委员会

资料来源：作者根据有关资料整理得到。

5.3.2.2　公共年金制度

韩国公共养老保险制度包括国民养老金计划和特殊职业养老金。韩国特殊职业年金成型早于国民年金，历史较为久远。韩国政府先后设立了公务员年金（1960 年）、军人年金（1963 年）、私立院校教职工年金（1975 年）。20 世纪 90 年代，韩国才逐步建立了面向全体民众的国民养老金计划。从覆盖范围来讲，首先韩国国民养老金是公共养老金体系中的主体部分，是韩国老年社会经济保障的根基；其次政府公务员养老金覆盖了较多的人员，私立学校教师养老金覆盖的人数较少，具体见表 5-7。

表 5-7　　　　　　　　　　　韩国公共年金制度构成

类型	国民养老金	特殊职业年金		
		公务员养老金	军人养老金	私立院校教师养老金
建立年份	1988 年	1960 年	1963 年	1975 年
参保人	18~60 岁国民	国家与地方公务员、法官、警察官	军人	私立学校教职工
执行机关	卫生福利部（国民年金管理公团）	行政安全部（公务员金公团）	国防部（保健福利馆室军人年金科）	教育科学技术部（私立学校教职工年金公团）

续表

类型	国民养老金	特殊职业年金		
		公务员养老金	军人养老金	私立院校教师养老金
缴费比例	月收入额9%，企业参保者：雇主和雇员各4.5%	月收入额17%：政府、雇员各8.5%	月收入额14%：政府、军人各7%	月收入额16%：学校、雇员各8%
支付类型	老龄年金、伤害年金、遗属年金、返还总付金和死亡总付金	短期和长期两类18种，短期包括医疗费、灾害补偿费；长期包括退休养老金、遗属养老金和伤残养老金	退役养老金、残废军人养老金和遗属养老金	同公务员年金

资料来源：李雪、原新：《韩国公共养老保障制度困境及其对我国的启示》，载《人口学刊》2014年第36卷第4期。

（1）国民养老金计划。国民养老金计划是韩国最主要的养老金计划，采用基金积累方式。国民养老金计划的主要监管部门为韩国保健福利部，同时还受到国会及监察院的监管。国民养老金采取全国统筹，替代率水平由政府根据收支情况设定和调整。根据国民加入计划年份的替代率，确定其待遇水平[①]。国民养老金计划覆盖18~60岁的劳动者，缴纳费率为月收入的9%，企业和个人分别缴纳4.5%，由单位统一按月代缴（韩国政府对自己承担缴费的私营业者及其他居民提供一定补助）。国民养老金计划向加入计划10年以上、超过60岁的人按月终身支付养老金（领取年龄自2013年起每隔五年增加一岁，2033年增至65岁）。国民养老金基金由韩国保健福利部下设的国民养老金运营委员会负责投资方向和投资运营计划的制定。国民养老金计算公式为：总额＝总领取额×2002年及以后缴纳累计额/总缴纳累计额。

（2）特殊职业年金。特殊职业养老金包括公务员、军人及私立学校教师养老金计划。在年金积累方式上，公务员年金和军人年金实行现收现付

[①] 中国证券投资基金业协会，《韩国养老保险制度、税收政策以及经验借鉴》。

制，私立学校教职工年金采用基金积累制①。公务员缴费率在 2016 年前为国家和个人各承担 7%，2016 年增加为 16%（各 8%），其后每年国家和个人各增加 0.25%，到 2020 年，国家和个人各承担 9%（总缴费率 18%）；军人缴费率为国家和个人分别承担 7%；私立学校教师缴费率为国家和个人分别承担 8%。由于特殊职业群体的缴费比率和替代率水平均高于普通国民养老金参保者（9%），这部分人员不再参加第二支柱养老金。对于公共养老金，2002 年之前的缴纳部分免税，2002 年及以后缴费形成的积累部分在领取时，按规定进行扣除后，与其他所得合并纳税，统一适用综合所得税。特殊职业养老金计算公式为：总额＝总领取额×2002 年及以后缴纳的月数/缴纳的总月数。

5.3.2.3 改革与发展的特点

韩国国民年金与特殊职业年金自建立以来一直分开运营，进入 21 世纪后，社会各界主张将养老保障统一，政府却始终未能建立统一标准。一方面，由于公务员等特殊职业员工退休津贴并不及企业职工的企业年金，公务员主要依赖特殊职业年金，必然影响其改革积极性；另一方面，政府内部尚难达成一致意见，对全社会统一养老金的态度比较谨慎。此外，韩国企业雇员和政府公务员虽然实行不同的养老保险制度，由于各种内在因素，待遇水平实际上基本平衡。韩国国民年金及特殊职业年金均由国家统筹，缴费基数与各类型年金平均工资水平及个人平均工资水平挂钩，在一定程度上比较公平。

近年来，为解决因退休金领取者的累积及其任期的延长出现的财政赤字问题，韩国力推公务员养老金改革，接连推出数个公务员养老金改革方案。韩国政府分别于 1995 年、2000 年和 2009 年对《公务员养老金法》进行了一些修订，推出了三个修正案。2015 年，韩国国会召开全体会议，审议并表决通过了《公务员年金制度改革案》。2015 年公务员养老金改革方案显示，除实施"多缴少领"（提高公务员的养老金缴存比例，同时降低养老金领取金额）外，还将

---

① 中国证券投资基金业协会，韩国养老保险制度、税收政策以及经验借鉴。

公务员领取养老金的年龄由现在的 60 岁推迟到 65 岁，其后 20 年将养老金支付率从 1.9% 降至 1.7%，并缩小各级别公务员间养老金差距（见表 5－8）。

表 5－8　　　　　　　　　韩国公务员养老保险制度的改革历史

年份	内　容
1995	提高缴费率（3.6%→4.9%）； 引入退休年龄（60 岁的退休年龄仅针对改革后入职人员）
2000	提高缴费率（4.9%→5.5%）； 逐步提高 1996 年以前被雇用人员的退休年龄（2001 年定为 50 岁，到 2021 年提高到 60 岁）； 延长养老金计算期限（最终工资→最后 3 年的平均工资）
2009	提高缴费率（5.5%→7%）； 降低养老金支付率（2.1%→1.9%）； 提高退休年龄（65 岁的退休年龄仅针对改革后入职人员）
2015	提高缴费率（7%→9%）； 降低养老金支付率（1.9%→1.7%）； 提高退休年龄（65 岁的退休年龄针对所有现有雇员并设 11 年过渡期，60 岁的退休年龄仅针对新入职人员）； 改变缴费和给付上限（全体成员平均工资的 1.8 倍→1.6 倍）； 延长最大缴费年限（33 年→36 年）； 冻结养老金（5 年，2016~2020 年）

资料来源：Keunyoung Lee，Kwangho Jung. Exploring institutional reform of Korean civil service pension：advocacy coalition framework，policy knowledge and social innovation ［J］. Journal of Open Innovation：Technology，Market，and Complexity，2018，4（1）.

5.3.3　新加坡

5.3.3.1　国民养老金体系概述

新加坡养老保障主要依靠中央公积金制度（公积金，英文简称 CPF）来实现，覆盖了所有国民，其中大部分公务员的养老已由退休金制度逐步过渡到公积金制度。1871 年，新加坡根据英国公务员法建立了《公务员退休法》。1943 年新加坡建立了专门的退休金制度，该制度属于现收现付制。

该制度中退休金主要由政府负担，个人缴纳其中的一小部分，比例为中央公积金计划中个人缴费的60%。其退休金取决于工龄和退休前的工资水平高低，不与物价相挂钩。1955年，新加坡依据《中央公积金法》建立了中央公积金制度，由中央公积金局进行统一管理，只适用于私营部门雇员。为解决原公私部门养老保险制度缴费规则和待遇水平不公问题，从1972年开始，新加坡政府将公务员逐渐纳入中央公积金制度的覆盖范围，由公务员个人和政府共同缴费积累。目前只有极少部分改革前参加工作的公务员仍然参与公务员退休金制度，随着这部分人逐渐退休，参加退休金制度的人将越来越少，中央公积金制度已成为涵盖公务员和其他国民的完全融合型养老保险制度。

5.3.3.2 中央公积金制度

中央公积金制度以强制性储蓄为基础，采取完全基金积累制，实行完全的个人账户制。中央公积金适用于公职人员和私人部门所有受雇的新加坡公民和新加坡永久居民，所有在新加坡有薪金收入的雇员和个人都必须按月薪收入的一定比例缴纳公积金，同时雇主也要按国家规定为其雇员缴纳一定比例的保险费。缴纳的公积金和保险费以储蓄形式存入雇员个人账户，并记入中央公积金局，供雇员退休后领取。如果养老金账户上的存款达到政府规定的最低限额，就可以不再缴纳。

第一，公积金账户。中央公积金制度最初只是一项单纯的养老储蓄制度，建立的目的是为职工的养老问题提前筹集个人养老资金。经过长期发展，中央公积金制度顺应社会发展的需要以及人民的实际要求，用途不断被调整，内容涉及养老、医疗保健、住房、教育、家庭保障等各个社会领域，已演变为一项综合性的独特有效的社会保障制度。成员55岁之前，公积金个人账户分为普通账户、保健储蓄账户和特别账户，三个账户各有不同作用。55岁以后，个人账户变更为退休账户和保健储蓄账户。为了避免公积金过多用于其他项目的支付而影响到人们的养老保险，新加坡政府规定凡达到退休年龄前必须在其公积金账户中保留一笔最低存款（见表5-9）。

表 5 - 9　　　　　　　　　　新加坡中央公积金账户分类及用途

账户类型	约占薪金比例（%）	账户基金用途	特点
普通账户	72.5	住房、保险、投资、教育	分配比例较高，并且随着年龄增加而减少
特别账户	10	养老、紧急支出	分配比例随着年龄的增加而增加，直至死亡
保健账户	17.5	医疗保健、住院、其他紧急支出	分配比例随着年龄增加而增加，直到55岁后不再分配

资料来源：作者根据有关资料整理得到。

第二，公积金缴费率。公积金缴费率并不是一成不变的，而是根据新加坡的经济发展与社会情况、公积金保障功能的增加等多方面因素来调整公积金的缴费率。中央公积金制度在 1955 年刚设立之时，缴费标准为 10%，雇主和雇员各缴纳 5%。之后缴费率不断增长，1984 年最高时达到 50%，其中雇主和雇员各缴 25%。2015 年公积金缴费率调整为 37%，其中雇主 20%、雇员 17%，并一直持续到现在（见表 5 - 10）。

表 5 - 10　　　　　　　　新加坡中央公积金缴费率　　　　　　单位：%

时间	雇主缴费率	雇员缴费率
1955~1967 年	5.0	5.0
1968~1969 年	6.5	6.5
1970 年	8.0	8.0
1971 年	10.0	10.0
1972 年	12.0	12.0
1973 年	13.0	13.0
1974~1976 年	15.0	15.0
1977 年	15.5	15.5
1978 年	16.5	16.5
1979 年	20.5	16.5

续表

时间	雇主缴费率	雇员缴费率
1980 年	20.5	18.0
1981 年	20.5	22.0
1982 年	22.0	23.0
1983 年	23.0	23.0
1984～1985 年	25.0	25.0
1986 年	10.0	25.0
1987 年	10.0	25.0
1988 年	12.0	24.0
1989 年	15.0	23.0
1990 年	16.5	23.0
1991 年	17.5	22.5
1992 年	18.0	22.0
1993 年	18.5	21.5
1994～1998 年	20.0	20.0
1999 年	10.0	20.0
2000 年	12.0	20.0
2001～2002 年	16.0	20.0
2003～2006 年	13.0	20.0
2007～2009 年	14.5	20.0
2010 年	15.5	20.0
2011～2014 年	16.0	20.0
2015～2017 年	17.0	20.0

资料来源：肖金喜，董克用，武玲玲. 基于经济发展的新加坡中央公积金缴费率变迁研究 [J].
河北经贸大学学报，2019，40（4）：32－37.

第三，公积金领取。雇员领取公积金必须满足达到法定年龄，特殊情况
下可以提前领取。2019 年 8 月，新加坡宣布延长退休年龄，从 2022 年 7 月 1
日起，退休年龄从 62 岁延长至 63 岁、重新雇佣年龄从 67 岁延长至 68 岁；

到 2030 年，退休年龄逐步延长至 65 岁、重新雇佣年龄逐步延长至 70 岁。同时，已年满 55 岁和 60 岁者的公积金缴存比例将从 2021 年开始逐步上调至与未满 55 岁人群一致。公共服务部门同时宣布将提前一年实施，将有超过 2 000 名公务员受惠。新加坡公共服务部门是最大的雇主之一，聘有约 14.5 万名公务员。

第四，公积金制度管理。新加坡中央公积金由中央公积金局实行全国统一管理。中央公积金局是人力资源部（原来的劳动部）的一个职能部门，负责公积金的管理和基金运营管理，主要将公积金储蓄用于相对风险较低的政府债券和公共基础设施建设，并进行其他投资，获取利息或收益。中央公积金局由若干董事组成的董事会进行管理，董事的构成包括政府代表、雇主代表和有关专家。

5.3.3.3　改革与发展的特点

一方面，新加坡公务员养老保险制度进行改革后，公务员与其他群体的养老保险制度由中央公积金局依据《中央公积金法》统一进行管理，更能体现公平性。中央公积金制度强调公务员的个人责任，将公务员的个人缴费与养老金待遇挂钩，鼓励公务员向公积金账户进行缴费积累，并获得投资收益。公积金存款越多，个人账户上的存款越多，退休后享受的待遇也就越好，年老时的生活水平相应提高，可以调动公务员的缴费积极性。政府作为雇主需负责规定比例的缴费义务，就其他群体而言，政府并不需要承担费用，因此减轻了财政负担。

另一方面，由于不同成员间存在收入差距，缴费能力也会有所不同，所以养老金待遇的差距也会较大，公务员退休后的养老金待遇水平完全取决于个人之前的缴费积累。而且养老保险制度过于统一，不能体现公职人员的职业特点，降低了公务员群体的工作积极性，不利于吸引和留住人才。不过随着公积金制度的不断修订和完善，其保障功能将会越来越强。在新加坡严峻的老龄化形势下，公积金制度在应对老龄化的挑战方面仍然起着非常重要的作用（见表 5 - 11）。

表 5 - 11 新加坡公务员养老保险制度改革历程

时间	改革内容	特点
1943 年	颁布《公务员退休法》，建立政府公务员退休金计划	适用于政府公务员，由公共财政负担非缴费型计划
20 世纪50 年代	1953 年制定《中央公积金法》；1955 年建立了中央公积金制度，中央公积金局进行统一管理。雇主和雇员双方缴费，政府只对雇主缴费部分免税且不提供财政补贴，为会员在年满 55 岁时提供一次性全额支付的养老金	针对私营部门雇员的缴费型养老保险制度，仅具有养老储蓄功能
1972 年	新参加工作的三、四级公务员的养老保障纳入中央公积金制度当中，缴费比例为当月工资的 36%，政府缴纳 20%，个人缴纳 16%，在职一、二级公务员自行决定是否加入	大部分的公务员纳入了公积金制度的覆盖范围，基本统一了国内的养老保险制度
1986 年	新录用的一、二级公务员（行政服务人员、外交服务人员、武装部队高级人员、警察中的高级人员、情报人员除外）纳入中央公积金制度中，在职的一、二级公务员可以自行选择是否加入	
2012 年	批准《议会退休金法案》，取消 2011 年 5 月 21 日之后任命的议员及政治任命官员的退休金，转入中央公积金	

资料来源：龙玉其.《公务员养老保险制度比较研究》［M］. 北京：社会科学文献出版社，2012年版.

日本、韩国、新加坡这三个亚洲国家，经济发展水平比较高，公职人员养老保险制度发展历史较为久远且稳定发展，均具有很强的代表性。从表 5 - 12 中可以看出，三个国家的公职人员养老制度不尽相同，但在一定程度上都可以给我国进行机关事业单位养老体系改革提供建议和参考。

表 5 - 12 日本、韩国、新加坡公职人员养老保障制度对比

项目	日本	韩国	新加坡
群体	政府公务员、军人、法官、各类学校教师	政府公务员、军人、私立学校职员	政府公务员和所有公职人员
养老金构成	国民年金、共济年金制度、退休津贴制度	公务员年金、军人年金和私立学校教职员年金	退休金计划、中央公积金计划
与其他群体养老保险制度的关系	部分统一型	部分统一型	完全融合型

续表

项目	日本	韩国	新加坡
制度模式	年金制	职业年金制	公积金制度
待遇水平确定模式	DB 制	DB 制	DC 制
管理机构	由厚生省进行管理，中央和地方分设经办机构	由总务部负责法规的制定和实施，由公务员养老金管理公团具体管理	中央公积金局（隶属于劳工部）统一管理
缴费比例	国民年金和共济年金均由国家负担 1/2、政府和个人负担 1/2；2017 年厚生年金的保险费率上升且固定为 18.3%，公务员保险费率于 2018 年固定为 18.3%，私立学校教职人员的保险费率于 2027 年固定为 18.3%	公务员缴费率在 2016 年前为国家和个人各承担 7%，2016 年增加为 16%（各 8%），其每年国家和个人各增加 0.25%，到 2020 年，国家和个人各承担 9%（总缴费率 18%）	个人账户由政府和个人共同缴费，当前的缴费率为 37%
待遇支付	年满 65 岁，且缴费年限达 25 年以上可领取国民年金；共济年金缴费 20 年以上者，可领取年金	2015 年改革将领取养老金年龄从 60 岁延迟至 65 岁；退休后从 65 岁起领取的养老金将从原先的 171 万韩元，减少至 153 万韩元；公务员在职超过 20 年，既可以分月领取公务员年金，也可以以一次性付清的方式领取退休金	领取养老金的条件是达到退休年龄，且符合最低存款要求，退休年龄为 62 岁，在退休后可按月领取养老金，直到最低存款用完
基金管理	委托大藏省资金运用部，纳入国家财政投融资计划统一管理使用；大部分资金用于购买国债和长线投资，兴建福利设施	由公务员养老金管理公团具体管理；投资主要用于公共、金融和福利三个部门	中央公积金局将归集的公积金除用于支付公积金费用开支和利息外，其结存款项的大部分用于购买政府债券、投资公共住宅、股票以及基础设施建设，对国外的投资

续表

项目	日本	韩国	新加坡
法制建设	《国民年金法》 《国家公务员互助公会法》 《地方公务员互助公会法》	《公务员年金法》 《社会保障法》	《公积金法》
特点	国家与公务员共同分担，兼顾公平效率，激发公务员自我保障意识，基金运营能力较强	国民年金及特殊职业年金均由国家统筹，缴费基数与各类型年金平均工资水平及个人平均工资水平挂钩，体现出一定的公平性	保险互济程度低，强制性自我储蓄，强调权利义务的高对应性，重视制度运行效率

资料来源：作者根据相关文献资料整理得到。

5.3.4 其他亚洲国家

5.3.4.1 印度

印度的社会保障系统在很大程度上受福利国家理念的影响，养老保障主要分为正式部门和非正式部门的养老保障两大部分。正式部门养老保障体系主要包括私营部门雇员公积金计划、公职人员养老金计划、自愿储蓄养老金计划。非正式部门养老保险体系覆盖无组织部门和农村地区的社会养老。私营部门的雇员主要通过 1952 年雇员公积金计划（EPF）、1976 年雇员储蓄保险计划（EDLI）和 1995 年雇员养老金计划（EPS）这三个缴费确定型社保基金计划得到保障。

印度为公务员群体单独设立了一种高福利养老保障制度，覆盖成员为政府和军队雇员以及铁路、邮政和电信等部门的员工。资金筹集方式为基金积累制，公务员有个人的养老金账户，按期存入相应的养老保险费用。公务员不用自己缴费即可享受养老保险待遇，参保的费用由各邦和中央政府完全负责缴纳。印度养老保障制度发展过程中存在明显的二元化特征，由于政府拨款，与其他群体相比，公务员有着优厚的养老金待遇，明显不公平，同时给政府财政带来压力。

（1）公务员养老保险计划。公务员养老保险计划由印度中央政府单独管理，属于待遇固定型养老保险计划。一般军人的法定退休年龄为 40 岁，升为军官的军人和其他公务员退休年龄为 60 岁。养老金与 CPI 挂钩，指数化福利，即"成本减免"，每年修订两次，为低收入群体提供更高的指数化，覆盖了寿命和通货膨胀风险，且提供对死亡和残疾人员的保障。养老金为工作最后 12 个月平均工资收入的 50%，但是工龄要达到 33 年，退休后按月领取养老金。参保人员必须是公务员且为政府服务达到一定年限（最低为 10 年）。未达到最低服务年限者，政府不予其享受公务员养老政策，服务期越长享受的待遇越好。

（2）政府公积金计划。大多数政府公务员还享受政府公积金计划（GPF），缴费额为其工资的 6% ~ 8.33%，缴费部分进入公共账户，并且只能被用来弥补政府的赤字，因此构成了国家的或有债务，即隐性债务，它可能出现也可能不出现，基金由财政部管理。

（3）退休福利。除了政府公积金之外，政府雇员还可领取离职退休福利，这是对永久性职工退休给予的一次性退休金，或公务员在职死亡后，政府一次性给予其家属。

（4）公务员养老保险制度改革。印度 2001 ~ 2002 年度预算中通过了中央政府公务员的养老金预缴办法，经过巴塔查亚委员对该办法的专门研究，于印度 2003 ~ 2004 年度预算中颁布。改革方案规定：第一，从 2004 年 1 月起，印度政府为新入职的中央政府雇员建立缴费确定的新养老金计划，由政府和公务员各自缴纳 50%。参加缴费的公务员可以获得个人账户，可以自己选择养老金计划。新近入职公务员主要依赖这个缴费确定型的养老金计划获得退休金来源。第二，设立财政部下属的养老金监管和发展司，建立全国统一的中央社保登记中心，以公开透明的方式，委任养老基金管理公司。第三，非中央政府雇员自愿加入该计划，中央政府给参保人员建立个人账户，但既不为其缴费，也不担保其收益，参保人员必须按时、按最低标准缴纳费用。

5.3.4.2　斯里兰卡

斯里兰卡的养老保障体系和印度有相似之处，主要分两大部分，即正式部门和非正式部门。正式部门养老保障体系主要包括私营部门计划、公职人员计划和自愿性计划。私营部门和公职人员之间在社会保障筹资方面存在明显的区别。私营部门的雇员主要依靠 DC 强制性储蓄计划，针对私营部门雇员的方案有雇员公积金（EPF）、雇员信托基金（ETF）和经批准的私人公积金（APPF）。而公职人员则受 DB 养老金计划覆盖，政府雇员依靠公务员养老金计划（PSPS）和公职人员公积金（PSPF）得到保障。自愿性计划则对所有人开放。

斯里兰卡的公务员养老保险制度是为政府的公职人员单独设立的，主要包括 PSPS 计划和 PSPF 计划。

（1）公务员退休金计划（PSPS）。PSPS 是一项 DB 强制性计划，成立于1901 年，由政府预算提供资金。它涵盖了各类公职人员，包括公务员、武装部队、省和地方政府雇员以及教师和司法人员。公职人员在工作满 10 年后，才可享受该退休金计划。根据 1996 年养老金公式计算，工作满 30 年后，公职人员可领取的最高养老金为退休前工资的 85% ~ 90%。此外，公职人员退休时还可一次性领取两年的退休前工资，基本养老金、生活费和特殊津贴也将支付。2000 年，斯里兰卡养老金部向 37 万名公职退休人员支付了 203.7亿卢比（占 GDP 的 1.62%），每名成员平均每年养老金为 54 789 卢比，相当于人均收入的 80%。

除了退休金，该计划也提供遗属和残疾抚恤金。所有有领取养老金资格的政府雇员的家属都有领取全额抚恤金的权利。强制性缴费占基本工资的4% ~ 7%。但是，PSPS 的实际替代率很低，而且养老金待遇没有稳健的调整机制，不能抵御通货膨胀和生活成本的上升。此外，公职人员的工资低于私营部门，过去对养老金进行调整大部分是出于政治目的，而不仅仅是出于经济考虑。

（2）公职人员公积金（PSPF）。公职人员公积金（PSPF）最早成立于1942 年，是一项强制性计划，适用于不符合 PSPS 计划资格的政府雇员。政府的缴费率为 12%，雇员的缴费率为 8%，总计为 20%。累计余额在退休时一次性支付，该计划并未解决长寿和通货膨胀风险。到 1999 年，PSPF 已有165 455 个账户，其中 59 021 个成员缴纳了 4.2 亿卢比。PSPF 仅投资于政府债券，1999 年 PSPF 计划名义收益率为 12.02%，低于 364 天的国库券利率 12.77%。因此，为提供足够的养老金财务担保，有必要调整 PSPF 的投资政策和绩效。

5.3.4.3　印度尼西亚

印度尼西亚的养老保险制度主要包括两大部分，一个是公共养老金计划，另一个是企业养老金计划。其中公共养老金计划分为两部分，即针对公职人员的养老金计划和针对企业雇员的公共养老金计划。

公职人员的养老金计划有两种，一种是政府公务员的养老金计划（TASPEN）；另一种是军人的社会保险计划（ASABRI）。TASPEN 的主要特点是，在雇员退休时（56 岁）或在雇用期间死亡时，津贴实行一次性支付。1969 年开始建立的养老金计划中，最初政府只是通过财政税收提供基金，从 1994 年开始规定公务员必须缴费，缴费率为他们月收入的 4.75%。公务员达到 50 岁并且为政府工作 20 年就有资格领取养老金。养老金的权利不能转移，公务员离开政府部门则丧失领取养老金的权利。公务员在工作 20 年之后，获得养老金的替代率大约相当于最后月工资的 75%。如果工作满 35 年，则享受全额养老金和一次性支付的津贴，替代率大约为最后收入的 100%。ASA-BRI 建立于 1971 年，主要覆盖军人、国防部和警察部门的公务人员。该养老金计划的缴费率与 TASPEN 的缴费率大致相同。军人的退休年龄较低，为 50 岁，养老金待遇依赖于军衔的级别。一般来看，月养老金等于最后基本月工资的 2.5% 乘以其服务年限。

5.3.4.4　马来西亚

马来西亚社会保障体系大致分为四个部分：一是养老储备基金，为社会各部门包括私人部门的雇员提供养老、住房和医疗方面的保障；二是社会保险，提供因公意外保险和病残退休金等保险；三是由劳动部管理的政府公务员退休基金，为退休的政府公务员提供各项保障；四是由社会福利部管理的社会福利，为贫困人口提供多种资助。养老储备基金和社会保险机构组成了马来西亚社会保障体系的主干。

马来西亚政府针对公务员制定了由政府财政全额负担、公务员不用缴费且有固定金额的福利养老金计划。除退休金外，公务员亦可领取视服务年资而定的退职金。在 1991 年以前，政府每年从预算中拨付公务员的养老金支出。1991 年《养恤金信托基金法》修改了这一规定，该法案后来又被《2007 年退休基金法案》取代。根据工龄长短，养老金福利水平为最后领取的基本工资（不包括津贴）的 20%～60%。在服役期间受伤或死亡的人，政府为其提供遗属抚恤金。公务员退休金福利不与物价挂钩，而是同在职公务员的工资进行同步调整。

5.4 其他典型公职人员养老金计划

本节选取了澳大利亚 PSS 计划、加拿大的 OMERS 计划和荷兰的 ABP 计划，对三个典型的公职人员养老保险计划的基本情况、计划类型、缴费方式与待遇、资产配置与投资等进行介绍。

5.4.1 澳大利亚公职人员超级年金计划（PSS）

5.4.1.1 基本情况

澳大利亚公共部门超级年金计划（the public sector superannuation scheme，PSS）是根据 1990 年的退休金法案建立的，由 PSS 理事会管理，是一个独立的法人实体，对基金建立独立的财务账户。

PSS 是一个强制性的 DB 养老金计划，实行完全基金积累制。参保成员的养老金水平由其最终平均工资和累算权益倍数确定。澳大利亚于 2005 年 7 月对其公共养老基金系统进行改革后，对新雇员实行一个全新的完全基金制计划 PSSap，该计划的实施提案中，规定不提供待遇或收益的最低保证，成员可以自由选择投资，基金仅设立一个默认的基准投资策略。对于该新计划，同样采取由基金受托人理事会选拔的外部基金管理人进行投资运作的方式。

5.4.1.2　缴费和待遇领取

PSS 由雇主和雇员共同缴费，雇主缴纳雇员上一年度税后工资的 15.4%，雇员自己缴纳 2%～10%。对于职工而言，这是一个弹性的缴费率，雇员可以在缴费期内变动缴费率。一般默认的缴费率为 5%。雇员也可以选择不缴款，此时雇主缴款部分将在雇员不供款期间以较低的比率累积，因此，将会降低雇员未来养老金水平。

PSS 计划规定雇员领取养老金的最早年龄是 55 周岁。所有养老金每 6 个月按照澳大利亚消费价格指数进行指数调整。同典型的 DB 养老金计划一样，雇员领取的养老金由待遇公式确定。养老金主要由三部分构成，分别是雇员自己缴纳的部分、雇主缴纳的部分和在投资亏损时雇主的补贴部分。领取方式主要有三种：第一，雇员可以在达到领取条件时一次性领取；第二，雇员可以按照年金的方式领取；第三，雇员可以先按照年金方式进行领取，再把剩下的养老金一次性领取。除领取退休金外，死亡、部分伤残及伤残退休福利也可通过 PSS 获得，以协助保障雇员的退休生活，并在雇员及其家人生病、受伤或死亡时提供经济保障。

5.4.1.3　资产投资

PSS 基金主要投资于现金资产、固定资产、股票、基础设施等，2018 年 PSS 投资现金资产占总资产 7.2%，固定投资占 10.9%、股票占 56%，财产占 8.1%，基础设施占 2.9%，其他占 14.9%（见表 5–13）。

表 5–13　　　　　　　2017 年、2018 年 PSS 预设基金资产配置比例

资产类别	目标（范围）	2017 年	2018 年
现金	15%（0～65%）	5.9%	7.2%
固定投资	14%（0～65%）	12.8%	10.9%
股票	45%（15%～75%）	54.7%	56.0%
财产	10%（5%～25%）	10.4%	8.1%
基础设施	1%（0～20%）	2.7%	2.9%
另类资产	15%（0～30%）	13.5%	14.9%

资料来源：PSS Annual Report to Members 2019。

表 5-14 显示了 PSS 两类基本投资组合的投资收益率。预设基金投资组合将投资于一系列资产类别，并具有中到高水平的风险。其投资目标是在 10 年内每年较消费者物价指数（CPI）高 3.5%。

表 5-14　　　　　　　　　2013~2017 年 PSS 投资收益率　　　　　　单位:%

时间	预设基金收益率	现金投资收益率	通货膨胀率
2013~2014 年	11.5	2.1	3.0
2014~2015 年	12.1	2.1	1.5
2015~2016 年	1.7	1.7	1.0
2016~2017 年	9.5	1.6	1.9
2017~2018 年	9.3	1.5	2.1

数据来源：PSS Annual Report to Members 2019。

5.4.2　加拿大安大略省政府雇员退休金计划（OMERS）

5.4.2.1　基本情况

加拿大安大略省政府雇员退休金计划（the ontario municipal employees retirement system，OMERS）建立于 1962 年，是加拿大最大的 DB 养老金计划之一。OMERS 管理机构是独立法人实体，直接向安大略省政府负责，截至 2018 年底净资产达 970 亿美元，为安大略省各社区近 50 万名活跃、延期和退休的雇员、学校理事会、图书馆、警察和消防局以及其他地方机构进行投资和管理养老金。该计划是一个基金积累制的待遇确定型（DB）养老金计划。

5.4.2.2　缴费与待遇

与澳大利亚的 PSS 相比，OMERS 的雇员缴费弹性较小，但是雇员可以根据自己的收入水平选择适合自己的缴费费率，而雇主的缴费则与雇员缴费相匹配（见表 5-15）。

表 5 - 15　　　　　　　　　　　**OMERS 雇员缴费率选择**

条件	正常退休年龄为 65 岁	正常退休年龄为 60 岁
收入低于 57 400 美元	9.0%	9.2%
收入高于 57 400 美元	14.6%	15.8%

资料来源: www. omers. com。

在 OMERS 计划中, 养老金领取条件有四种: 第一, 成员年龄达到 55 岁, 并且工作时间达到 30 年; 第二, 年龄达到 60 岁的警察和消防员; 第三, 年龄达到 65 岁; 第四, 年龄和工作年限之和达到 90。成员在退休时可以领取到的退休金主要是根据成员退休前 5 年的工资水平和成员的工作年限共同决定的。具体公式如下:

$$Y = X \times 2\% \times n$$

其中, Y 表示成员退休时的养老金总量; X 表示成员退休前 5 年的年平均工资的最高值; n 表示成员的工作年限, 并且 $n \leqslant 35$。

养老金的领取方式也有三种: 退休时一次性领取; 以年金的方式领取; 先以年金的方式领取, 然后将剩余的部分一次性领取。在成员以年金方式领取时, OMERS 按照当地的 CPI 进行完全指数调整, 其中 CPI 取值不高于 6%。

5.4.2.3　资产投资

在投资收益上, OMER 五年的净收益是 8.1%, 2018 年其净投资收益率为 2.3%, 收益率未能达到 7.3% 的绝对基准, 主要因为公共股权的收益率为 -8.3%。在主要股票、信贷、债券和大宗商品指数下跌情况下, 基础设施和房地产都延续了长期强劲增长, 从而实现了总体投资的正增长。其基金比率由 2017 年的 94% 增加到 2018 年的 96%, 在 OMERS 计划中, 雇员和雇主承担的责任是相等的, 基金盈余一部分 (计划债务的 5%) 作为 "基金稳定准备金", 用来抵补未来的未备基金债务, 其余部分作为 "缴费不足准备金", 用来对未来的正常缴费不足做准备。同时, 如果基金的资产债务存在不平衡, 雇主和雇员的缴费可能会进行调整 (见表 5 - 16)。

表 5 – 16　　　　　OMERS 资产配置及净投资收益率（2018 年）　　　　单位:%

资产类型	资产投资比例	净投资收益率
定息债券	29	1.8
公众股权	33	− 8.3
私人股权	15	13.5
基础设施	18	10.6
房地产	18	8.7

资料来源：www. omers. com。

5.4.3　荷兰政府公务员养老基金制度（ABP）

5.4.3.1　基本情况

荷兰政府公务员养老基金制度（the pension fund for civil servants of the dutch government，ABP）建立于 1922 年，是世界上历史最为悠久的养老金计划之一。ABP 也是一个基金积累制的 DB 养老金计划。2004 年，荷兰对 ABP 进行了参量式改革，调整了一些制度参数，并建立了一个缴费确定型（DC）计划作为补充。该 DC 计划不设投资限制，也没有最低保障。

截至 2018 年，ABP 参与人数近 297 万人（见表 5 – 17），覆盖了中央及地方政府雇员、警察和司法人员、军人、电力和水等公共事业、学校、文化及科研机构等。

表 5 – 17　　　　　　　2014 ~ 2018 年 ABP 参与人数　　　　　　　单位：人

类型	2018 年	2017 年	2016 年	2015 年	2014 年
参与人	1 128 671	111 106	1 104 792	1 080 490	1 092 337
前参与人（改革前）	952 476	946 097	933 126	9 415 86	927 148
养老金领取人	886 529	868 454	850 385	834 529	816 746
总计	2 967 676	2 925 657	2 888 303	2 856 605	2 836 231

资料来源：ABP Annual Report。

5.4.3.2　缴费方式和待遇领取

在缴费上，荷兰 ABP 每年的缴费率会有所不同，总缴费率平均为 20.8%，其中雇主占 70%，其余由雇员承担。雇主和雇员缴费均为税前扣除，享受 EET 的税收优惠。雇员的待遇取决于缴费工资水平和缴费年限，ABP 允许参保者以价值转移的方式进行转移接续，董事会每年根据政府和教育部门雇员工资增长情况以及基金财务状况决定是否对待遇进行调整。待遇支付上雇员可以选择一次性支付和年金支付两种方式。

荷兰 ABP 近年实行了动态缴费和指数化调整模型，以应付制度日益严重的隐性债务问题。目前 ABP 的基金比率从 2017 年底的 104.4% 降至 2018 年底的 97.1%。当基金率较低时，该模型可以用来决定指数化调整降低和缴费提高的程度。由于重要变量每年都发生变化，该模型本身也是不断调整的，计算也是以预期基金率为基础进行的。在养老金计划体系的一些重要参数的确定上，该模型也发挥了作用。

5.4.3.3　资产投资

2018 年荷兰 ABP 固定资产投资比例为 40.2%，股票投资为 33.3%，其他投资为 17.1%，不动产投资为 10.1%，其中重叠 0.7%。投资绩效上，2018 年 ABP 投资回报率受金融市场动荡的影响为 -2.3%。2013~2018 年五年平均回报率则超过了 6%。具体见表 5-18。

表 5-18　　　　　　　　　　**2018 年 ABP 资产投资比重和收益**　　　　　　单位:%

资产类型	资产投资比重	收益率
定息债券投资	40.2	0.4
股权	33.3	-5.9
不动产	10.1	3.3
其他投资	17.1	6.8
重叠 OVERLAY	-0.7	-1.9
总计	100	-2.3

资料来源：ABP Annual Report。

5.5　公职人员养老保险制度的改革趋势

早期公务员养老制度普遍独立于国民养老保险制度之外，自上而下地设置独立管理机构，进行统一的管理。但随着经济社会的发展，从全球范围看，将公职人员完全分离于国民养老保障制度之外而享受特殊制度的支持者越来越少，分离制度的弊端逐渐暴露出来。一方面，政府不得不面对人口环境带来的挑战，随着平均寿命不断延长、生育率下降、抚养比提升，全球人口老龄化时代已经到来，尤其是较发达国家，其日益增长的养老金支出给政府财政带来了沉重负担。另一方面，分离制度也妨碍了人才流动，降低了劳动力市场的灵活性，限制了经济增长活力，待遇水平的不公平也引发了社会的不满，进而影响了社会稳定。因此，通过对公职人员养老保险制度改革，发展和完善国家整体养老保险制度体系，以缓解其人口压力、就业压力、财政压力等，成为各国共识。

5.5.1　"统一化"改革

当下国外公职人员养老保险改革趋势主要为"统一化"，即将公职人员纳入统一的养老保险制度当中。在"统一化"的方式上主要有两种方式。一种方式是采取完全统一化，即放弃旧的公务员养老保险制度，采取与企业完全一样的养老保障制度。采取这一方式的主要是拉美国家、东欧经济转轨国家、东亚后发国家及地区。其改革内容主要有以下几点。

（1）对公职人员养老保险制度进行根本性改革，主要特征与私人部门完全统一，建立缴费性个人账户并实施基金管理。按管理机构的不同分为两种情况，一种以智利的改革为代表，建立个人账户和养老基金并委托私营公司进行管理。在其影响下，秘鲁（1993 年）、阿根廷（1994 年）、哥伦比亚（1994 年）、玻利维亚（1997 年）、墨西哥（1997 年）、萨尔瓦多（1996 年）等拉美国家都进行了程度不一的改革。另一种是以新加坡为代表，建立账户和基金，由国家公营机构管理。受其影响，马来西亚等国家也纷纷建立了类似的公积金制度。

（2）筹资方式由现收现付制转为完全积累制或部分积累制，部分积累制多于完全积累制，这种情况以东欧经济转轨国家为代表。东欧国家公职人员养老保险制度原来与我国一样，国家承担单一责任，公职人员自身不缴纳任何费用。由于国家财政压力太大、经济发展放缓及人口老龄化的冲击，这些国家开始尝试建立国家、单位和雇员共同负担的多层次养老保险制度。其中波兰于 1993 年进行改革，是东欧第一个对公务员养老保险制度缴费模式进行改革的国家。

另一种方式是实行部分统一，这也是大多数国家的改革方式。主要做法是在基本养老保险制度层面统一，而在补充养老保险层面体现差别。对于比较典型的实施"三支柱"养老保障体系的国家，如美国、澳大利亚、英国等，养老保障体系通常由国民基本养老金、由雇主提供的补充养老金和个人储蓄三部分构成。部分统一式的改革通常是将公务员纳入国民基本养老保险制度，而在补充养老金计划层面保留特殊性。这种改革方式在统一的程度上较为灵活，而且，在实现养老保障体系基本统一的同时，仍能够体现公务员待遇机制的特殊性。例如，可以保持公务员养老金待遇的相对稳定性和相应较高的水平。

5.5.2　增设 DC 计划比例，增加养老待遇的灵活性

在将公职人员养老保险统一化的同时，许多国家鉴于人口压力以及财政压力将会制约待遇确定制和公共养老金计划的可持续性，将计划类型也进行了改革，逐步由待遇确定型（DB）向缴费确定型（DC）转换。主要措施是引入累积因素，建立自主缴费制度，逐步建立个人储蓄账户，提倡个人参与缴费积累。20 世纪 80 年代，美国政府进行了把公务员纳入社保的改革，建成了与产业部门一样的社会保障、职业年金、个人自愿养老储蓄相结合的公务员养老保险体系，同时逐步推广缴费确定型（DC），到 2003 年缴费确定型的覆盖率由 1980 年的 32% 扩大到 71%。2005 年澳大利亚对新公务员推出了

完全积累制的养老金计划，不再沿用 1990 年所建立的非积累制计划。2008
年，全球经济危机所引起的工资降低、失业率上升，给很多 OECD 国家公职
人员养老保险金带来损失，扩大缴费确定型（DC）的覆盖范围成为主流，墨
西哥、波兰、匈牙利和斯洛伐克也引进 DC 计划。

5.5.3 建立养老基金，建立并完善养老金计划的治理结构

由现收现付制转向基金积累制，在过去一个世纪里是世界上养老保险制
度改革的共同趋势，不过这种改革最先发生在私营部门。公职人员群体的人
口结构变化是一致的，传统的现收现付制度在财务上也面临着日益沉重的压
力。发达国家比较普遍地建立了公职人员养老基金，这些养老基金经过积累
与投资，形成了很大的资金规模，据资料显示（OECD，2014），2012 年按资
产规模计算的世界前 5 大养老基金均为公务员（公职人员）养老基金，前 20
位中有 13 个公共养老基金，占 20 个基金资产总额的 76.5%。

对公职人员养老基金进行科学有效的管理，实现保值增值，成为当前很
多发达国家养老保障制度建设重点关注的问题。在借鉴私营部门养老基金管
理经验的基础上，大多数运行比较成功的公职人员养老基金都建立了治理结
构并逐步完善，这也是当前的一个发展趋势。公职人员养老金计划的治理结
构建设主要表现在以下几个方面。

（1）设立明确的治理目标。为了避免政府对公共养老基金的滥用，很多
国家都立法规定其公职人员养老基金的根本目标（甚至在某些国家规定为唯
一目标）是追求计划参加者利益最大化。例如，加拿大养老金计划投资委员
会法案规定"委员会以计划成员和受益人的最佳利益为其所有管理业务的出
发点，以排除不适当的损失风险的基础上追求基金回报的最大化为原则进行
投资……"

（2）设立独立的治理主体并保证其管理的独立性。发展较为成熟的公职
人员养老基金通常由独立的受托人理事会管理，而非附属性的行政机关。并
且，很多国家也通过法律确保理事会独立的管理和决策权，尽可能地避免政
府对投资决策和具体运作的直接干预。

（3）完善受托人理事会的治理。作为独立的法人机构，受托人理事会必须建立明确的问责机制、任免机制、行为准则等。理事会成员必须包含发挥"独立董事"作用的计划参加人代表、计划外人士等，而非完全由政府官员组成。

（4）确立明确的信息披露要求。治理主体被要求进行披露的信息主要包括：基金和治理主体的治理结构；基金的财务状况；基金的投资策略；影响待遇或缴费的重大决策，如资金来源、投资策略等的重大变动等。其中投资策略是一项重要的常规披露内容，在世界银行一项关于公共养老基金的调查中，63%的基金提供书面投资策略。

5.5.4　适应人口形势变化，对公职人员养老金计划进行调整改革

随着人口和经济形势的变化，很多国家对于原有的公职人员养老金计划也做了一系列调整改革。主要包括以下几个方面。

（1）延长正常退休年龄。人口老龄化压力是养老保险制度改革的根本原因，延长退休年龄是最直接、最主要的措施之一。如美国于1983年规定领取全额退休金的合格年龄将逐渐上升，2000年为65岁零2个月，之后每年增加2个月，到2005年为66岁，2022年以后则为67岁。德国规定对年满60岁并患有符合规定的严重伤残疾病或是年满63岁才能够办理退休。爱尔兰则是规定不允许提前退休。英国对坚持工作至70岁的人，在退休时政府一次性提供2万英镑作为奖励以鼓励延迟退休。

（2）提高养老金权益的可转移性。如前所述，大多数国家的公务员养老金计划采取待遇确定制，这种计划类型在养老金的可携带性方面不如缴费确定计划灵活。因此，很多国家在原计划的基础上附加了缴费确定型的补充计划，如设立于1920年的荷兰公职人员养老金计划 ABP 原本是一个 DB 计划，近年来开始提供一个小规模的 DC 补充计划。也有一些国家为新雇员建立补充的缴费确定计划，如美国的联邦储蓄计划（Thrift Savings Plan）就是缴费确定型的。另外，也有国家将原来的待遇确定计划完全更改为缴费确定计划，如丹麦。因此，虽然待遇确定计划仍然是公务员养老保险制度所采取的普遍

形式，但缴费确定计划的比例正在逐渐增加。这一点与企业养老金计划的发展趋势是一致的。

（3）调整退休待遇标准，提高待遇领取的灵活性，制定科学的计发办法。大多数国家降低了公务员退休待遇标准，主要是养老保险制度比较健全且待遇比较优厚的发达国家，采取的方式主要有降低待遇计发标准、延长计算养老金所要求的工作年限等，如丹麦、瑞士等。调整待遇标准的另外一个方式是降低原来过高的退休金指数化调节比率。例如，德国、俄罗斯等国家将退休金调整与工资增长挂钩，改为按工资和物价指数的平均数或两者中的较低者进行指数化调整，以降低退休待遇的支付水平。日本和英国则是通过制定合理的替代率改革待遇支付标准，如日本于 2003 年颁布的《年金制度改革方案》上调了国家财政对国民年金的负担比例，由 1/3 提高为 1/2；调整国民年金额度，从 2005 年开始每年增加 280 日元；提高养老保险缴费，从 2005 年开始每年以 0.354% 的速度增加厚生年金和互助年金的缴费比例。英国养老金委员会则是为不同收入水平的公务员制定不同的替代率目标，确保公务员养老金支出的可持续性（见表 5 - 19）。

表 5 - 19　　　　　　　　英国养老金委员会的基准替代率

总收入（英镑）	9 500 以下	9 500 ~ 17 499	17 500 ~ 24 999	25 000 ~ 49 999	50 000 及以上
基准替代率（%）	80	70	67	60	50

数据来源：Hutton, J. (2010), Independent Public Service Pensions Commission：Interim Report.

第6章　公职人员养老保险制度
改革的经济效应

本章希望不局限于公职人员养老保险制度本身，而是将问题放在完整的养老保险制度体系中，在宏观经济运行的环境背景下，深入考察制度模式选择所带来的全局影响。在分析方法上，借助国外养老金经济分析的经典范式——OLG 模型，运用新古典主义经济的一般均衡分析方法，在我国特定的养老保险制度框架和宏观经济环境下，考察公职人员养老保险制度改革对经济变量的影响效应。

本书对公职人员养老保障制度改革的一般均衡分析包含两大部分：第一部分，着眼于分析公职人员养老保险制度改革的经济及福利效应；第二部分，探讨公职人员养老保险改革与人力资本形成就政府公共支出的交互作用。第一部分为改革的直接效应，第二部分为考虑人力资本形成及公共支出结构的公职人员养老保障制度改革的间接效应。

6.1　养老金经济效应分析的一般框架

6.1.1　养老金经济的一般均衡分析

同大部分经济问题一样，关于养老保险制度及其改革的经济影响的理论模型大多以新古典的均衡分析为范式。均衡分析是分析各种经济变量之间的关系，说明均衡的实现及其变动的方法。它又可分为局部均衡分析与一般均衡分析，前者分析考察在其他条件不变时单个市场或单个经济主体的均衡状态的建立与变动，后者分析考察多个市场或多个经济主体之间均衡的建立与变动。具体来说，养老保险制度的局部均衡分析思路通常将大多数经济变量假设为外生变量，然后在假设基础上建立养老保险缴费和待遇支出的现金流，最后通过计算期望收益净现值或期望内部回报率来比较养老保险制度在不同情况下的成本与收益，从而进行价值判断。而养老保险制度的一般均衡分析思路则通常将相关经济变量设为内生变量，强调社会经济各部门以及各个经济变量之间的互动均衡和相互影响。

从时间因素上，经济分析分为静态分析和动态分析。静态分析考察一定时期内各种经济变量之间的相互关系，研究经济现象的相对静止状态；而动态分析考察各种经济变量在不同时期的变动情况，研究经济现象的发展变化过程。当把均衡分析与上述静态分析和动态分析结合在一起时，就产生了三种分析方法，即静态均衡分析、比较静态均衡分析与动态均衡分析。静态均衡分析是考察在既定条件下某一经济事物在经济变量的相互作用下所实现的均衡状态的特征，说明各种经济变量达到均衡的条件。比较静态均衡分析是考察当原有的条件发生变化时，原有的均衡状态会发生什么变化，并分析比较新旧均衡状态。动态均衡分析则是在引进时间因素的基础上考察均衡的形成及实际变化过程，说明在某一时点上经济变量的变动如何影响下一时点上经济变量的变动，以及这种变动对整个均衡状态变动的影响。

本书基于比较静态的一般均衡分析方法，建立世代交叠模型，将私人部门与公共部门分立的养老保障制度纳入模型，分析公职人员养老金改革方案下经济变量的相应变化，得到改革的经济效应及福利效应。为分析的一般性，我们考虑两类改革：一类是参数性改革，即保持制度原有基本模式，变动某些制度参数（如替代率、缴费率等）；另一类是体制性改革，即从一种模式变革为另一种模式，如由现收现付制变革为基金积累制。最后，将模型具体化到我国的现实经济环境，考察我国公职人员养老保险制度改革的经济效应及福利效应。

6.1.2　养老金经济效应分析工具——OLG 模型

6.1.2.1　OLG 模型概述

由萨缪尔森（Samuelson，1958）提出并经戴蒙德（Diamond，1965）扩展的世代交叠模型（overlapping generation，OLG）可以很好地再现各种养老保险制度的内在逻辑，因而成为养老保险制度分析的基础理论模型。在 OLG 模型中，行为人的生命被划分为青年期和老年期，第 t 期的青年人将在第 $t+1$ 期变为老年人。每期存在一代青年人和一代老年人，青年人可以从事生产而老年人只能进行消费。根据这些假设，第 t 期出生的行为人的效用函数可以被表示为：

$$U = uc_t^1 + \beta uc_{t+1}^2, u' > 0, u'' < 0$$

其中，U 表示效用；c_t^1 和 c_{t+1}^2 分别表示第 t 期的青年人和第 $t+1$ 期的老年人的消费，也就是同一个行为人在青年期和老年期的消费；β 表示主观贴现率，$\beta \in (0,1)$；u' 和 u'' 分别表示效用对于消费的一阶导数和二阶导数。行为人面对的预算约束条件可以表示为：

$$c_t^1 + s_t = w_t, c_{t+1}^1 = (1 + r_{t+1}) s_t$$

其中，s_t、w_t 和 r_{t+1} 分别表示第 t 期的储蓄、工资和第 $t+1$ 期的利率。为了得到内生的收入变化，需要引入企业来确定利率和工资。企业面对的生产函数可以被表示为：

$$y_t = f(k, l_t), f_1 > 0, f_2 > 0, f_{11} < 0, f_{22} < 0$$

其中，y_t、k_t 和 l_t 分别表示第 t 期的产出、资本投入和劳动投入；f_1 和 f_2 分别表示产出对于资本和劳动的一阶导数，f_{11} 和 f_{22} 分别表示产出对于资本和劳动的二阶导数。假设市场是完全竞争性的，利率和工资将分别取决于资本和劳动的边际生产率，即有 $r_t = f_1(k_t, l_t)$ 和 $w_t = f_2(k_t, l_t)$。假设企业数量与第 t 期的青年人数量相等，资本使用一期以后完全折旧，因而在均衡状态中，产品市

场出清要求 $k_{t+i+1} = (n_{t+i}/n_t)s_{t+i}$，劳动力市场出清要求 $l_{t+i+1} = n_{t+i}/n_t$，其中，n_{t+i} 表示第 $t+i$ 期的青年人数量，也就是第 $t+i$ 期的劳动力数量，n 是一个整数。这样，个人约束条件可以被改写为：

$$c_{t+1}^2 = f_1(s_t, n_{t+1}/n_t)s_t$$

$$c_t^1 + s_t + d_t = f_2\left[(n_{t-1}/n_t)s_{t-1}, 1\right]$$

由于 s_{t-1} 是前定变量，n_t 和 n_{t+1} 是外生变量，在上面两个消费预算约束条件下求解效用函数的最大值就可以确定行为人的最优消费和最优储蓄。

6.1.2.2　OLG 与养老保险制度

在完全基金式的养老保险制度中，第 t 期的年轻人向政府缴纳数量为 d_t 的税或费，投资以后政府向第 $t+1$ 期的老年人支付数量为 $(1 + r_{t+1})d_t$ 的养老金。根据前面的有关假设，个人预算约束条件应改写为：

$$c_t^1 + s_t = f_2\left[(n_{t-1}/n_t)s_{t-1}, 1\right]$$

$$c_{t+1}^2 = f_1(s_t, n_{t+1}/n_t)(s_t + d_t)$$

从第二个改写的约束条件可以看出，未来劳动力数量的变化可以通过利率改变养老金的收益，从而影响最优储蓄。由于 d_t 与 s_t 的作用完全相同，我们可以把 d_t 看作储蓄的一部分。只要 d_t 小于没有养老保险制度之前的最优储蓄规模，就容易证明完全基金式的养老保险制度对最优消费和最优储蓄没有影响。

在现收现付式的养老保险制度中，政府向第 t 期的年轻人征收数量为 d_t 的缴费，用于支付第 t 期的老年人的养老金。这时，行为人在青年期面对的预算约束不变，但老年期的消费预算约束应改为：

$$c_{t+1}^2 = f_1(s_t, n_{t+1}/n_t)s_t + (n_{t+1}/n_t)d_t$$

可以看出，未来劳动力数量的变化可以通过改变代际转移总额来影响最优储蓄。这就是在 OLG 模型分析中现收现付制养老保险制度对储蓄的挤出效应。

6.2　分析思路和模型框架

6.2.1　分析思路

本章的研究目的是考察我国公职人员养老保险制度改革对宏观经济变量的影响。养老保障制度改革公认有两大类型：参数性改革和体制性改革。前者保持制度基本模式不变，调整制度的一些设计特征，如保持现收现付制筹资模式下调整缴费率、待遇公式或延长退休年龄等；后者指筹资模式或计划类型发生根本性变革，如由现收现付制变革为基金积累制。为研究的一般性，本书分析不同改革方式的经济效应并进行比较。

为了区分公职人员和私人部门雇员的养老保险制度引入"双轨养老保险制度的 OLG 模型"。模型中将行为人划分为两类：公共部门雇员和私人部门雇员。两个模型中，私人部门雇员参加的养老保险制度都是我国现行的城镇企业职工基本养老保险制度，因而面临的消费预算约束没有变化。在方案一的模型中，公共部门雇员参加的养老保险制度为现收现付制，因而其预算约束在形式上不同于私人部门雇员。为了考察现收现付制下参数改革的经济效应，可以引入反映制度特征的政策变量——替代率和缴费率，其基准状态的取值反映我国现行公职人员养老保险制度的特征，分析中，通过改变这两个变量取值，分析其他经济变量的变动。模型 2 是针对公职人员养老保险制度的体制性改革而建立的，即两部门雇员的养老保险制度模式相同。通过模型 1 基准状态与模型 2 的经济变量取值的比较，可以考察由当前的现收现付制转为社会统筹的部分积累制的经济效应。

6.2.2　模型框架

假设一个经济体由个人、企业和政府组成，个人目标是追求效用最大化，企业的目标是追求利润最大化，政府的职责是建立、维护和改革相关制度，同时保持每期的预算平衡。

建立一个两期代际交叠模型，即假设人口存活两个世代，每世代约30年，第一世代为青年期，第二世代为老年期。假设人口在两类部门工作，即公共部门和私人部门，人数分别是 L^r 和 L^u，假设总人口为1，即 $L^r + L^u = 1$。基于本书的研究目的，模型中关于人口的关键变量是两类人口的比例，我们假设该比例保持不变，因而人口规模的变化对模型结果不会存在显著影响，同时为了模型简便，忽略人口规模的变动。

6.2.2.1　个人

无论是公共部门雇员还是私人部门雇员，每个人均通过在青年期和老年期的消费获得效用满足，取对数型个人效用函数：

$$u = lnC_{1,t}^i + \beta lnC_{2,t+1}^i \qquad (6-1)$$

其中，$\beta > 0$，为个人的主观贴现因子，如果 $\beta < 1$，则个人赋予第一期的消费权重大于第二期的消费权重，即看重当前消费，或年轻时代的生活；如果 $\beta > 1$ 则情况相反。$C_{1,t}^i$ 是青年一代 t 期消费，这一世代的个体在 $t+1$ 期成为老年一代，他们的消费为 $C_{2,t+1}^i$。用上标 i 区分不同群体，$i = r$ 表示私人部门雇员，$i = u$ 表示公共部门雇员。

在青年期和老年期，个人均面临消费预算约束。青年世代的消费与储蓄之和小于等于总的可支配收入，老年期的消费则小于等于年轻时投资的回报以及政府给予的转移支付收入等。当引入养老保险时，具体的约束条件因制度的不同而异。

因此，个人问题即在两世代的消费预算约束条件下，如何安排消费及储蓄以实现个人两期效用的最大化。

6.2.2.2　厂商

厂商生产并供给私人产品。借鉴公共经济学分析的常用做法，引入政府提供的公共产品作为物质资本、人力资本之外的第三个投入要素。参照贾俊雪和郭庆旺（2012）、朱军（2017）关于含公共资本的C-D生产函数的设定，假定厂商的生产函数为：

$$Y_t = A_t K_t^{\alpha} (L_t^r)^{1-\alpha} G_t^{\alpha'} \tag{6-2}$$

其中，A_r 为常数，表示技术系数；α 表示物质资本的产出弹性；$1-\alpha$ 表示人力资本产出弹性；α' 表示公共产品的产出弹性。假设资本每期完全出清，公共产品由政府免费提供。K_t 表示 t 期的资本存量，由上期资本存量和本期的净投资决定。G_t 表示公共产品，它既是私人产品的另一个投入要素，也是公共部门的产品，例如基础设施、公共服务等。与一般的生产函数一致，这里我们假设公共产品的生产投入包括公共资本和公共部门劳动力两个要素，并设其为 Cobb-Douglas 型生产函数：

$$G_t = Y_t^G = A_u (K_t^G)^{\eta_1} (L_t^u)^{\eta_2} \tag{6-3}$$

其中，$A_u > 0$，$(\eta_1, \eta_2) \in (0,1)$，$\eta_1 + \eta_2 \leqslant 1$。$A_u$ 表示公共产品生产的技术系数，η_1，η_2 分别表示公共部门生产中物质资本和人力资本的产出弹性。L_t^u 表示公共部门劳动力数量。K_t^G 表示 t 期公共资本存量，假设公共资本的折旧率为 δ_{K^G}，那么有：

$$K_t^G = (1 - \delta_{K^G}) K_{t-1}^G + I_{t-1}^G \tag{6-4}$$

厂商问题是决定人力资本和物质资本的最优投入量，以实现总产出 Y_t 的最大化。

6.2.2.3　政府

在本书的模型中，政府的行为包括进行公共产品生产，以及提供社会保障制度并保持收支平衡。t 时期政府的收入包括各项税收以及个人和企业的基本养老保险缴费 τ_t，支出包括用于公共产品生产的资本投资 I_t^G，公共部门雇员的工资 W_t，以及私人部门雇员和公共部门雇员的养老金 B_t。这里对税费、养老金等项目先不予区分，统一记为 τ_t 和 B_t。

给定不同时期政府的政策变量集合 $\{\tau_t, I_t^G, B_t, W_t^u, L_t^u \cdots\}_{t=0}^{\infty}$，模型的竞争均衡是：私人部门雇员的行为序列 $\{C_{1,t}^r, C_{2,t+1}^r, K_{t+1}^r, L_{t+1}^r\}_{t=0}^{\infty}$，公共部门雇员的行为序列 $\{C_t^u, C_{t+1}^u, K_{t+1}^u, L_{t+1}^u\}_{t=0}^{\infty}$，私人物质资本序列 $\{K_t\}_{t=0}^{\infty}$，公共物质资本序列 $\{K_t^G\}_{t=0}^{\infty}$，以及要素价格序列 $\{W_t, r_{t+1}\}_{t=0}^{\infty}$ 在满足下列情况下的集合。

（1）私人部门雇员行为序列解决私人部门个人效用最大化问题，公共部门雇员行为序列解决公共部门个人效用最大化问题。

（2）要素价格满足：利率等于资本的边际产出，工资率等于人力资本的边际产出。

（3）资本市场出清，资本需求等于资本供给，在资本一期完全折旧的情况下（由于一期为 30 年，因而假设资本完全折旧是合理的），下期资本存量等于上一代人的储蓄总额。t 期劳动力投入为公共部门和私人部门劳动力之和，即 $L_t = L_t^r + L_t^u$。

（4）产品市场出清，即 t 期所生产的产品被完全消费。

（5）政府每期的财政收支保持平衡。

6.3　引入"双轨"养老保险制度的 OLG 模型

上一节我们建立了分析的基本模型框架，但还没有引入养老保险制度，本节将根据我国养老保险制度的具体情况确立模型。首先建立与我国"并轨"改革前养老保险制度相符的模型，在此模型中，公共部门实行现收现付制养老保险制度，私人部门实行社会统筹与个人账户相结合的部分积累制养老保险制度，记为模型 1。其次在"并轨"改革后的养老保险制度框架下建立模型，记为模型 2。

6.3.1　模型 1："双规制"养老保险制度

6.3.1.1　模型

在此模型中，公共部门与私人部门实行不同的养老保险制度。公共部门实行现收现付制，私人部门实行部分积累制。

（1）个人问题。公共部门雇员和私人部门雇员的效用函数相同，但因参与不同的养老保险制度而面临不同的消费预算约束。

　　私人部门雇员的养老保险制度采取现收现付的社会统筹与基金积累的个人账户相结合的形式，其中社会统筹部分只需企业缴费，设其缴费率为 $\tau^f_{s,t}$[①]。个人账户由个人缴费形成，设其缴费率为 $d^r_{s,t}$。设个人所得税率为 $\tau_{L,t}$，这里个人所得税没有雇员部门的差别，因而忽略上标。记私人部门的工资为 w^r_t。因此，个人的总可支配收入为：

$$w^r_t = (1 - \tau_{L,t})(1 - d^r_{s,t})w^r_t$$

　　私人部门老人得到的退休金包括由统筹账户支付的养老金以及个人账户的累积值。个人账户实行投资运作，利率为 r_t。个人账户部分的养老金给付为 $(1 + r_{t+1})d^r_{s,t}w^r_t h_t$。在无套利条件下，储蓄与个人账户投资的长期收益率相等。因此，私人部门雇员的个人问题可表达为：

$$\max_{(c^r_{1,t}, c^r_{2,t+1})} \ln c^r_{1,t} + \beta \ln c^r_{2,t+1}$$

$$\text{s. t. } c^r_{1,t} + s^r_t = (1 - \tau_{L,t})(1 - d^r_{s,t})w^r_t$$

$$c^r_{2,t+1} = (1 + r_{t+1})(s^r_t + d^r_{s,t}w^r_t) + b^r_{t+1} \qquad (6-5)$$

其中，c^r_t 和 s^r_t 分别表示 t 期私人部门雇员个人的消费和储蓄；$c^u_{2,t+1}$ 表示同一人 $t+1$ 期即老年时期的消费；r_{t+1} 表示整体投资收益率；b^r_{t+1} 表示 t 期青年在 $t+1$ 期即老年期领取的现收现付养老金。

　　公职人员实行非缴费性的现收现付养老保险制度，雇员不需为制度缴纳费用或税收。为了分析的一般性，同时也为了测算时分析实行缴费并变动缴费率情况下的经济效应，这里我们假设 t 期公共部门雇员的养老金缴费率为 $\tau^u_{s,t}$。对于公共部门的养老金给付，由于没有统一的替代率标准，而且由统计资料得到的公共部门雇员退休金替代率是以当期职工平均工资为基础计算的（理论上应为上一期平均工资），因此，这里我们设第 t 期公共部门老人退休金是 t 期工资的一定比例 ϕ^u[②]，故 t 期公共部门雇员退休金收入为：

---

　　① 下标 s 表示 social security，上标 f 表示 firm，即由厂商支付的意思。

　　② 替代率理论上应为上一期平均工资的一定比例，但由于由统计资料得到的公共部门雇员退休金替代率是以当期职工平均工资为基础计算的，故这里以本期工资作为基数。

$$b_t^u = \phi^{u1} w_t^u$$

可见，ϕ^u 和 $\tau_{s,t}^u$ 代表了公职人员养老保险制度的重要特征，ϕ^u 越大，公共部门退休金越优厚；而 $\tau_{s,t}^u$ 反映公职人员养老保险制度的雇员缴费特征，当制度不需要个人缴费时，该政策变量即取值 0。因此，模型的基准情况取为我国的现实情况，即 $\tau_{s,t}^u = 0$。

公共部门雇员的个人问题可表达为：

$$\max_{(c_{1,t}^u, c_{2,t+1}^u)} \ln c_{1,t}^u + \beta \ln c_{2,t+1}^u$$

$$\text{s. t. } c_{1,t}^u + s_t^u = (1 - \tau_{L,t})(1 - \tau_{s,t}^u) w_t^u$$

$$c_{2,t+1}^u = (1 + r_{t+1}) s_t^u + b_{t+1}^u \qquad (6-6)$$

（2）厂商问题。厂商需要为私人部门雇员现收现付制养老保险制度进行缴费，缴费基础为工资总额。同时，假设厂商还需要支付要素报酬，即雇员工资和资本使用的利息。记私人部门工资率（即单位人力资本的报酬）为 w_t^r，利息率为 r_t^k，厂商的最大化问题为：

$$\max_{(L_t, K_t)} A_r K_t^\alpha (L_t^r)^{1-\alpha} G_t^{\alpha'} - (1 + \tau_{s,t}^f) w_t^r L_t^r - r_t^k K_t \qquad (6-7)$$

（3）政府预算平衡。假设不考虑政府外债，t 时期政府的收入包括各项税收以及个人和企业的基本养老保险缴费，支出包括用于公共产品生产的资本投资 I_t^G、公共部门雇员的工资和退休金，以及私人部门雇员的基本养老保险养老金。假设政府在 t 时期的投资和私人部门现收现付部分的基本养老保险养老金支出项目都是当期生产部门总产出 Y_t 的一定比例，政府预算支出如下。

公共资本投资：$I_t^G = \Delta G_t Y_t$

私人部门雇员基本养老金支出：$B_t^r = \phi^r w_t^r L_{t-1}$

公共部门雇员工资支出：$w_t^u L_t^u$

公共部门雇员基本养老金支出：$B_t^u = \phi^u w_t^u L_{t-1}^u$

因此，政府的预算平衡公式为：

$$\tau_{k,t}r_t^k K_t + \tau_{L,t}(w_t^r L_t^r + w_t^u L_t^u) + \overbrace{(\tau_{s,t}^f + d_{s,t}^r)w_t^r L_t^r + \tau_{s,t}^u w_t^u L_t^u}^{\text{养老保障收入}}$$

$$= \Delta_{G,t}Y_t + w_t^u L_t^u + \overbrace{(\phi^r + 1 + r_{t+1})w_t^r L_{t-1}^r + \phi^u w_t^u L_{t-1}^u}^{\text{养老保障支出}} \qquad (6-8)$$

需要说明的是,以往有关养老保险制度的一般均衡分析大多仅基于养老保险制度自身建立收支平衡,即现收现付制度的收支平衡及基金积累制度的收支平衡。本书认为这样的设定与事实不符。首先,我国统筹账户和个人账户基金并称为"基本养老保险基金",在收支两端没有实行分开管理;其次,我国财政对基本养老保险负兜底责任。近年来财政对基本养老保险基金的补助支出逐年攀升,因此,模型中将社会保障收支纳入财政收支平衡的做法更符合我国实际。

假设政府的行为是外生的,即税收 $\tau_{k,t}$、$\tau_{L,t}$,养老保险缴费率 $\tau_{s,t}^f$、$d_{s,t}^r$、$\tau_{s,t}^u$,各项财政支出 ΔG_t、B_t^r,以及公共部门退休金替代率系数 ϕ^u 均外生。

6.3.1.2 模型求解

由厂商的最大化问题,即式 (6.7) 可得到两个一阶条件:

$$r_t = \alpha \frac{Y_t}{K_t} \qquad (6-9)$$

$$w_t^r = \frac{1-\alpha}{1+\tau_{s,t}^f} \cdot \frac{Y_t}{L_t^r} \qquad (6-10)$$

这两个一阶条件意味着,劳动和资本均获得其边际产品,而我们也由此得到利息率和私人部门工资率。

假设公共部门雇员工资率是私人部门雇员工资率的一定倍数 ξ,即 $w_t^u = \xi w_t^r$。为了保证 L^u 的外生性,可以假设 ξ 足够大,隐含的意思是,政府能够通过有吸引力的工资水平使雇员规模达到期望的任何规模。

为了求出使得效用最大化的个人储蓄,将个人最大化问题即式 (6-5) 和式 (6-6) 转化为对储蓄 s_t^r 和 s_t^u 的函数。

由此,私人部门雇员个人问题改写为:

$$\max_{(s^r)} \ln\left[(1-\tau_L)(1-d^r)w_t^r - s_t^i\right] + \beta\ln\left[(1+r_{t+1})(s_t^r + d^r \cdot W_t^r) + b_{t+1}^r\right]$$

$$(6-11)$$

公共部门雇员个人问题改写为：

$$\max_{(s^u)} \ln\left[(1-\tau_L)(1-\tau_s^u)w_t^u - s_t^u\right] + \beta\ln\left[(1+r_{t+1})s_t^u + b_{t+1}^u\right] \quad (6-12)$$

由上面两式的一阶条件，可求得 s_t^r 和 s_t^u：

$$s_t^r = \frac{\beta}{1+\beta}(1-\tau_L)(1-d^r)w_t^r - \frac{d^r w_t^r}{1+\beta} - \frac{b_{t+1}^r}{(1+\beta)(1+r_{t+1})} \quad (6-13)$$

$$s_t^u = \frac{\beta}{1+\beta}(1-\tau_L)(1-\tau^u)w_t^u - \frac{b_{t+1}^u}{(1+\beta)(1+r_{t+1})} \quad (6-14)$$

下面，我们在稳态均衡的框架下进行求解①。

按照前面的假设，总人口数，即公共部门雇员数与私人部门雇员数之和为 1，因此，在稳态下，内生经济变量 Y、K、r、H、G、K^G 满足：

$$r_{t+1} = r_t = R$$

$$K_{t+1} = K_t = K$$

$$H_{t+1} = H_t = H$$

$$G_{t+1} = G_t = G$$

$$K_{t+1}^G = K_t^G = K^G$$

t 期公共部门与私人部门的总储蓄等于 $t+1$ 期的资本存量，因而有：

$$K = L^r s^r + L^u s^u \qquad (6-15)$$

又由式（6-9），可得 $K = (1-\alpha)\dfrac{Y}{R}$，因而有：

---

① 稳态均衡（steady state equilibrium）是静态经济中的瓦尔拉斯均衡的扩展。当动态经济处于均衡时，所有的内生变量都不随时间变化，而是一个固定值。在稳态均衡时，人均资本存量、利率、工资率、储蓄率、人均产出有如下表达式：$k_{t+1} = k_t$，$r_{t+1} = r_t$，$w_{t+1} = w_t$，$s_{t+1} = s_t$，$y_{t+1} = y_t$。本书假设人口规模不变，且恒等于 1，因此，经济变量 Y，K，R 等同时也为人均变量，在稳态时满足上面的关系。

$$L^r S^r + L^u S^u = \alpha \frac{Y}{R} \qquad\qquad (6-16)$$

又由：

$$b_t^r = \phi^r w_t^r, b_t^r = \phi^r w_t^r, w_t^u = \xi w_t^r, w_t^r = \frac{1-\alpha}{1+\tau_s^f} \cdot \frac{Y}{L^r}$$

可得：

$$\frac{\alpha(1+\tau^f)}{1-\alpha} + \frac{\phi^r + \phi^u \cdot \xi \dfrac{L_t^u}{L_t^r}}{(1+R)(1+\beta)}$$

$$= \frac{\beta}{1+\beta}(1-\tau_L)(1-d^r) - \frac{d^r}{1+\beta} + \left[\frac{\beta}{1+\beta}(1-\tau_L)(1-\tau_s^u)\right] \cdot \xi \frac{L_t^u}{L_t^r}$$

$$(6-17)$$

由式（6-15）可解出稳态投资收益率 R。

在稳态收益率 R 给定时，稳态资本存量 K 为：

$$K = (1-\alpha)\frac{Y}{R} \qquad\qquad (6-18)$$

而稳定状态公共资本 $K_{t+1}^G = K_t^G = K^G$，根据式（6-4）及公共资本投资 $I_t^G = \Delta G_t Y_t$，有：

$$K^G = \frac{\Delta G}{\delta_{K^G}}Y \qquad\qquad (6-19)$$

又有公共产品生产函数：

$$G = A_u (K^G)^{\eta_1} (L^u)^{\eta_2} \qquad\qquad (6-20)$$

最后，将 G、K、H^r 代入私人产品生产函数，即：

$$Y = A_r (K)^\alpha (L^r)^{1-\alpha} (G)^{\alpha'} \qquad\qquad (6-21)$$

因此，求出稳态收益率 R 以后，其他四个稳定状态变量 K^G、G、K 和 Y 便可以由式（6-18）、式（6-19）、式（6-20）、式（6-21）四个方程解出。

6.3.2　模型 2：统账结合的公职人员养老保险制度

如果公共部门也实行部分积累制，假设其个人账户的缴费率为 $d_{s,t}^u$，同时，仍然保持一定规模的现收现付制度，个人不需要这部分制度缴费。那么公共部门雇员的效用最大化问题将改为：

$$\max_{(c_{1,t}^u,c_{2,t+1}^u)} \ln c_{1,t}^u + \beta \ln c_{2,t+1}^u$$
$$\text{s. t. } c_t^u + s_t^u = (1-\tau_{L,t})(1-d_{s,t}^u)w_t^u h_t$$
$$c_{t+1}^u = (1+r_{t+1})(s_t^u + d_{s,t}^u w_t^u) + \phi^u w_t^u \qquad (6-22)$$

按照上一节同样的方法，求得公共部门雇员的最优储蓄为：

$$s_t^u = \frac{\beta}{1+\beta}(1-\tau_L)(1-d^u)w_t^u - \frac{d^u w_t^u}{1+\beta} - \frac{b_{t+1}^u}{(1+\beta)(1+r_{t+1})}$$

私人部门雇员的最优储蓄不变，同式（6-15）。将两部门的储蓄关系式代入 $K = \alpha_2 \dfrac{Y}{R} = N^r s^r + N^u s^u$，可得：

$$\frac{\alpha_2}{R} = \frac{1}{1+Q(1+R)}\left\{ \begin{array}{l} \dfrac{\alpha_2(1-\tau_L)}{(1+\tau_{s,t}^f)}\left[(1-d_s^r) + (1-d_S^u)\xi \dfrac{N_t^u}{N_t^r} \right] - \\[3mm] Q\dfrac{\alpha_2}{(1+\tau_s^f)}\left[(1+R)\left(d_s^r + d_s^u\xi \dfrac{N_t^u}{N_t^r}\right) + \phi^r + \phi^{u2}\xi \dfrac{N_t^u}{N_t^r} \right] \end{array} \right\}$$
$$(6-23)$$

由此，可解出稳态均衡收益率 R。R 确定后，稳态 K^G、G、K 和 Y 仍然由式（6-18）、式（6-19）、式（6-20）和式（6-21）四个方程解出。

6.4　参数估值与经济效应测算

6.4.1　参数估值与数据标定

6.4.1.1　效用函数参数

主观贴现因子 β 表示的是对未来消费的厌恶程度，一个世代为 30 年，如果主观利率为 0.01[①] ，那么 30 年的贴现因子为 $(1/1.01)^{30} = 0.744$ 。本书设定基准情况下 $\beta = 0.75$ ，这一设定与大多数世代交叠模型应用研究的设定一致。

6.4.1.2　生产函数参数

本模型中生产函数的三个投入要素为：物质资本、劳动力和公共产品。关于物质资本与人力资本产出弹性的实证分析较多，蔡昉（2002）对 1978 ~ 1998 年时间序列资料进行回归分析，结果为物质资本产出弹性 0.454、劳动力资本和人力资本合计所得份额为 0.546。张军（2003）的定量研究结论为资本产出弹性和劳动力产出弹性分别为 0.4 和 0.6。后期的研究大多沿用了相近的设定。本书也将物质资本和人力资本的产出弹性设定为 0.4 和 0.6。以往研究一般假设公共物品对于生产的贡献低于人力资本与物质资本，这里参照饶晓辉和刘方（2014）、朱军（2017）等，将公共产品产出弹性校准为 0.1。

6.4.1.3　公共产品生产函数参数

公共产品生产的投入要素有物质资本和人力资本两项，这里假设他们的生产弹性与一般的生产函数一致。根据上面提到的有关研究，将 η_1 和 η_2 分别校准为 0.4 和 0.6。

6.4.1.4　政策变量取值及政策实验说明

养老保险制度的政策变量分别包括私人部门雇员养老保险制度的企业缴费率 τ_s^r（社会统筹）和个人缴费率 d_s^r（个人账户），根据制度规定，其取值分别为 0.2 和 0.08。养老金替代率 ϕ^r 根据近两年的统计数据定为 0.5。模型 1 中，公共部门雇员现收现付制养老保险制度的个人缴费率 τ_s^u 基准取值为 0，政策试验中使其逐步增加至 0.10；养老金替代率 ϕ^{u1} 的基准值定为 0.9，政策试验中使其逐步降低至 0.5。模型 2 中公共部门雇员的养老金替代率 ϕ^u 取值 0.5，个人账户缴费率 d_s^u 取值 0.08，也就是与私人部门雇员相等。

[①]　贺菊煌（2002）等的研究认为，一年主观利率大致在 0.01 ~ 0.02。

6.4.1.5　其他经济变量取值

模型中还涉及公共部门与私人部门工资系数、两部门雇员比例以及个人所得税率等变量。这些变量的依据统计数据计算得到。

所有参数和政策变量的估值列于表 6 - 1。另外，为了使总产出在基准状态下取值为 100 而便于分析，在所有参数中对生产函数技术系数 A 的值进行标定。Matlab 运行的结果是 A = 46.5。

表 6 - 1a　　　　　　　　　　　　参数及变量估值

参数	符号	含义	估值
效用函数	β	主观贴现因子	0.75
生产函数	α	物质资本产出弹性	0.4
	α'	公共产品产出弹性	0.1
公共产品生产函数	η_1	公共产品生产中物质资本产出弹性	0.4
	η_2	公共产品生产中人力资本产出弹性	0.5

表 6 - 1b　　　　　　　　　　　政策变量及其他变量取值

项目	符号	取值	含义
养老保险制度	τ_s^f	0.2	统筹账户单位缴费率
	d_s^r	0.08	个人账户个人缴费率
	ϕ^r	0.5	私人部门替代率
	τ_s^u	0	现收现付计划个人缴费率（政策实验：0~0.10）
	ϕ^u	0.9	公职人员养老替代率（政策实验：0.9~0.5）
	d_s^u	0	公职人员个人账户缴费率（并轨后0.08）
其他变量	ξ	1.07	机关事业单位与企业工资比
	τ_L	0.17	个人所得税率
	N^u	0.26	公共部门雇员比例
	N^r	0.74	私人部门雇员比例

6.4.2 改革的经济效应测算

本章第3节分别建立了现收现付制与统账结合的公职人员养老保险制度的 OLG 模型，并给出了各经济变量均衡稳态值的求解方程组。本节借助 Matlab 软件，求出模型1和模型2基准状态下各变量的解，并进行政策变量调整试验，分析改革对经济变量的影响方向和程度，从而分析改革的经济效应。

基于我国公职人员养老保险制度改革的现实做法是由非缴费性的现收现付制转向部分积累的统账结合制度，因此，模型的主要任务是研究这一"并轨"改革方案的经济效应。同时，为了分析的一般性，我们也对潜在的另一改革方案，即保持现收现付制度下的参数改革，进行政策实验和模拟分析。在"并轨"改革方案落地之前，我国学界对于机关事业单位养老保险制度的改革方案也有不同观点，李欧（2005）、李绍光（2007）等学者提出基于公职人员养老保障制度的特殊性，可保留现收现付制而强制职工缴费等改革建议。郑秉文（2012）等名义账户制的改革建议本质上也是要求个人缴费的现收现付制度。另外，国际范围内公职人员养老保障制度采取缴费性的现收现付制度的做法也较为普遍。具体的分析思路列示于表6-2。

表6-2 改革方案的经济效应分析框架

参数改革	模型1	降低替代率对经济变量的影响
		实施个人缴费对经济变量的影响
"并轨"改革	模型1→模型2	比较两个模型基准状态下经济变量的稳态均衡值变化

在"参数改革"方案下，其他政策变量保持基准值不变，通过调整公职人员养老金政策变量，既替代率和缴费率，分析宏观经济变量的变化。在"并轨"改革方案下，通过比较模型1与模型2基准状态下宏观经济变量稳态均衡值的变化来分析改革的经济效应。

6.4.2.1 保持现收现付制的参数性改革

（1）降低养老金替代率 ϕ^u 的经济效应。在 $\tau_s^u = 0$ 的情况下降低 ϕ^u 的取值，考察模型 1 中各有关经济变量的取值变化。具体的分析结果见表 6 – 3。

表 6 – 3　　　　　　　　　保持现收现付制下降低替代率的模拟结果

ϕ^u	0.5	0.6	0.7	0.8	0.9
收益率 R（30 年）	2.58	2.59	2.61	2.63	2.64
总产出 Y	103.06	102.31	101.58	100.86	100
资本存量 K	16	15.78	15.56	15.35	15.15
公共产品 G	0.36	0.36	0.36	0.35	0.35
公共部门储蓄 Su	24.28	23.24	22.23	21.25	20.31
私人部门储蓄 Sr	23.35	23.25	23.15	23.06	22.96
公共部门福利 Uu	21.16	21.51	21.84	22.17	22.48
私人部门福利 Ur	19.49	19.45	19.42	19.38	19.35
总福利 U	19.92	19.99	20.05	20.11	20.16

　　分析结果显示，保持公职人员养老保险制度的现收现付制特征，当替代率从基准的 0.9 逐渐下降时，总产出 Y 将会出现微小幅度的提高，替代率每降低 0.1，总产出约提高 0.8%。

　　从经济理论的角度，降低公职人员养老金替代率，使得公共部门雇员的未来收入减少，因而其在青年期的储蓄动机增强。一方面，公共部门雇员储蓄的增加使得资本存量增加，从而提高总产出水平，是一个正效应。但另一方面，储蓄的增加反过来又会导致利率降低，这又将导致私人部门储蓄的减少，从而对产出又有负效应。当正效应大于负效应时，降低公职人员养老金替代率将对经济增长有一个整体上的正效应，但是由于私人部门储蓄减少的负效应的抵消，整体的效应并不显著。

　　另一个本书感兴趣的问题是：出于缩小两部门雇员养老待遇差距的考虑，如果在降低公职人员养老金待遇水平的同时提高私人部门养老金的待遇，将会产生怎样的经济效应呢？数值模拟显示，如果将降低公职人员养老金支出而节省的财政开支等量用于提高私人部门养老金待遇，那么政策对经济增长具有负效应——公职人员养老金替代率每下降 0.1，总产出约降低 1.1%。这种负效应是不难理解的——由于私人部门未来养老金水平增加，其储蓄动机减弱，储蓄减少，这一效应与前面利率降低而产生的"负效应"相结合，大于公共部门雇员储蓄增加的正效应，因而整体效应为负。但从福利方面，该政策使公共部门雇员的效用降低，使私人部门的生命期效用提高，从而缩小二部门之间的福利差距。

（2）提高缴费率 τ_s^u 的经济效应。

增加缴费率即提高 τ_s^u 取值的直接经济效应分析结果列于表 6-4。

表 6-4　　　　　保持现收现付制下增加缴费率的模拟结果

缴费率的变化	0	0.02	0.04	0.06	0.08
收益率 R（30 年）	2.64	2.65	2.66	2.67	2.68
总产出 Y	100	99.70	99.25	98.57	98.24
资本存量 K	15.15	15.02	14.9	14.78	14.66
公共产品 G	0.35	0.35	0.35	0.34	0.34
公共部门储蓄 Su	20.3	19.61	18.93	18.25	17.57
私人部门储蓄 Sr	22.96	22.9	22.84	22.79	22.73
公共部门福利 Uu	22.48	22.45	22.42	22.38	22.35
私人部门福利 Ur	19.34	19.32	19.3	19.28	19.26
总福利 U	20.16	20.13	20.11	20.09	20.06

模拟结果说明，如果规定公职人员养老保险制度实行个人缴费，那么缴费率的增加对于经济增长有负效应。但负效应的影响程度不大，当缴费率从 0 提高到 8%，总产出将下降 2.1%。这种负效应的产生，主要是由于现收现付制养老保险制度下强制性缴费的"挤出效应"，即养老保障缴费的增加使得公共部门雇员年轻时期的储蓄减少，从而导致了经济增长的下滑。

6.4.2.2　"并轨"改革的经济效应

在第二种方案下，公共部门实行与企业相同的基本养老保险制度，即实行社会统筹与个人账户相结合的养老保险制度。在模型 1 中，将 A 校准为 46.5，以使基准状态的总产出为 100。在模型 2 中，保持 A 的值不变，代入模型 2 的参数和政策变量的基准值，通过估计稳态经济变量取值，考察其在两种静态下变化，从而衡量由现收现付制改革为统账结合制度的经济效应。表 6-5 列示了"并轨"改革下各经济变量的变化，以及作为改革政策备选方案参照的"缴费性现收现付方案"下经济变量的变化。

表 6 – 5 　　　　　　　　"并轨"改革经济效应的模拟结果

项目	现收现付（基准）	"并轨"	变化 1（%）	现收现付（8%缴费率）	变化 2（%）
	（1）	（2）	（2）/（1）－1	（3）	（3）/（1）－1
总产出 Y	100	99.89	－0.11	98.30	－1.70
收益率 R	2.64	2.65	0.31	2.69	1.89
资本存量 K	15.15	15.03	－0.59	14.66	－3.23
公共部门储蓄 Su	20.31	20.20	－0.54	17.58	－13.44
私人部门储蓄 Sr	22.96	22.83	－0.44	22.73	－1.0
公共部门福利 Uu	22.48	22.51	0.13	22.35	－0.58
私人部门福利 Ur	19.35	19.36	0.05	19.26	－0.47
总福利 U	20.16	20.18	0.10	20.06	－0.5

　　状态（1）是"并轨"改革前两部门分立的养老保险制度下的经济变量稳态值，状态（2）是"并轨"后，即统一的统账结合制度模式下的经济变量稳态值。测算结果显示，公职人员养老保险制度从现收现付转变为统账结合制度，总产出下降0.11%，程度上非常微弱，因此，基本可以认为其经济效应是中性的，即对经济变量没有明显的影响。

　　我们可以将此效应与保持现收现付下实行缴费制的效应做比较。在状态（2）中，公职人员的个人缴费率为8%，因此，我们选择另一个状态——保持现收现付制下个人缴费率为8%——作为状态（3）。模拟结果显示，从状态（1）到状态（3），即从非缴费性现收现付制，转变为个人缴费率8%的缴费性现收现付制度，将对经济变量产生负效应——总产出降低了1.7%。这说明，在个人缴费的前提下，建立基金积累比保持现收现付制对于经济增长有更为正向的影响。

　　从福利效应的角度，"并轨"改革使得私人部门雇员的福利增长0.05%，使公共部门雇员福利增长0.13%，社会总福利增长0.1%。而如果采取缴费性的现收现付制改革，则会产生负的福利效应，公共部门和私人部门雇员的福利将分别下降0.58%和0.47%，社会总福利将降低0.5%。

　　"并轨"改革前，关于改革方案有不同的观点，除了对公职人员建立与企业统一的统账结合制度的观点外，也有的建议保持现收现付制而要求职工缴费，以增加制度公平性，以及对公职人员建立名义个人账户等，本质上也是缴费性的现收现付制度。本书分析的结论显示，不管是从经济效应，还是福利效应的角度，"并轨"改革方案都优于缴费性现收现付制或名义账户制的方案。

第7章 公职人员养老保险
制度的精算评估

第6章从宏观视角出发，在宏观经济系统一般均衡框架下，分析了我国公职人员养老保险制度改革的经济效应和福利效应。接下来，本章将从中观和微观视角出发，对公职人员养老保险制度进行精算评估，考察制度本身的财务可持续性，以及参保者个人的待遇水平。

7.1 研究思路

本章的基于精算方法对改革后公职人员养老保险制度的未来收支状况进行预测，从而考察制度的财务可持续性和财政负担。借鉴养老金计划精算评价的基本方法，建立制度年度收支预测模型。模型预测结果需要基于一定的精算假设，并在制度内人口预测及工资预测的基础上得到。

本章的研究思路如下：（1）给出精算基础（actuarial basis），即预测的基本假设，包括人口方面的假设、参保职工减因概率假设、工资增长假设、投资收益率假设等；（2）建立人口预测模型，预测未来各年公职人员分年龄在职职工数和退休人员数；（3）建立工资预测模型，对未来参保职工的分年龄工资进行预测；（4）建立养老金待遇预测模型，在工资预测模型的基础上预测退休后的养老金待遇；（5）建立制度收支预测模型，由人口预测模型及工资、养老金预测模型，得到制度未来年度收支预测结果，基于收支缺口评估财务可持续性；（6）由工资和养老金预测模型得到养老金替代率预测结果，并进行改革前后的对比。

一方面，考察养老金计划的未来财务状况，预测期间应尽可能长，应当覆盖制度的转轨期，即覆盖所有"老人"和"中人"从退休至死亡的全过程，从这个角度来说，预测期间应当在 60～70 年。美国的社会保障制度长期精算评价的时间跨度长达 75 年，也正是出于这种考虑。另一方面，养老金计划的精算评价是以一系列精算假设为基础的，而复杂的人口和经济环境使得长期假设很难保证准确性。尤其是对于本书来说，由于缺乏公职人员群体新加入模式的有效资料，只能在对历年新增雇员规模和年龄结构的简单假设下进行制度内人口的预测。在这种情形下，如果预测期限过长，也会因精确性的降低而丧失意义。基于以上考虑，本书将预测期间定为 60 年，以 2020 年为初始年份，预测期间为 2021～2080 年，这时大部分"中人"已经死亡，也有相当一部分"新人"已经开始领取养老金。同时，人口统计学方面的预测显示，我国城镇人口老龄比例的峰值发生在 2050 年左右①，因此，该预测期间基本覆盖了养老保险制度支付压力最大的时期。

7.2　基本假设

7.2.1　人口预测有关假设

7.2.1.1　忽略性别差异

我国实行男女区别的法定退休年龄，而且男性与女性的死亡概率有较大差异。从精确角度看，应当进行分性别的人口预测。但实际上，公共部门雇员的分性别年龄结构无法得到，从而缺乏分性别预测的基础。另外，在社会保障研究中，为避免性别歧视，国际上通行的做法一般不使用分性别生命表。因此，本书对人口的预测忽略性别差异，仅预测男女混合的结果。

---

①　中国发展基金会《中国发展报告 2020：中国人口老龄化的发展趋势和政策》提出，到 2050 年，中国老龄化将达到峰值，65 岁以上人口将占到总人口的 27.9%。

7.2.1.2 参加工作年龄与退休年龄

按照现行规定，我国公共部门雇员的法定退休年龄为男性 60 岁，女性 55 岁，而且我国采取强行退休政策，即在非特殊情况下达到退休年龄必须退休。预测中由于忽略性别差异，假设法定退休年龄为 58 岁，并且没有提前退休和推迟退休。

从估计的公共部门就业人员年龄结构来看，16 ~ 21 岁比例很低，23 岁时有较大的提高。另外，机关事业单位就业人员的受教育程度显著高于企业职工，其参加工作时间应有一定的推迟。同时基于我国公务员招录选拔考试的事实，我们假定公职人员的平均参加工作年龄为 23 岁。

7.2.1.3 新入职人数

与企业不同，公职人员每年新增职工规模不是由生产、效益等经济因素决定，而是更多地由职位数决定。近年来，我国实行机关事业单位减员缩编，同时，就业队伍向年轻化发展，就业人数在总量上不再大幅增长，而是基本保持稳定。因此，本书假设未来我国公共部门就业人数保持不变，每年新增雇员人数等于当年新退休人数，即假设 $L_{t,x_0} = L_{t-1,r}$。

7.2.1.4 忽略死亡以外的其他减因

除死亡外，通常制度内人口还会因离职、伤残等因素而逐渐衰减。由于我国公共部门基本实行"终生职业"，因此，本书忽略雇员的离职因素，并忽略伤残，即制度内人口仅在死亡事件下衰减。

7.2.1.5 人口死亡概率

专门为公职人员群体编制的生命表目前并不存在，本书基于第七次人口普查所提供的死亡数据进行死亡率估计。人口普查的死亡数据来自回顾性调查，所提供的死亡人口数与"期末人口数"和"平均人口数"严格讲不属于同一人口队列，因此，不能直接得出死亡概率。本书对比使用了以下两种估计技术。

（1）根据 2020 年的分年龄平均人口①和死亡人口，计算出各年龄的中心死亡率 m_x，假设年内死亡均匀分布，分年龄死亡概率为：

$$q_x = 2m_x / (2 + m_x)$$

（2）将普查时点人口数看作期末人口数，则它和生命表中尚存人口数 $l(x+1)$ 对应，记普查时段 x 岁死亡人数为 Dx，普查时点人口数为 Px，于是有：

$$\frac{D_x}{P_x} = \frac{d(x)}{l(x+1)}$$

其中，$d(x)$ 表示生命表中 x 岁的死亡人数，将 $d(x) = l(x) - l(x+1)$ 代入上式，得：

$$\frac{D_x}{P_x} = \frac{l(x) - l(x+1)}{l(x+1)}$$

因此，生命表生存概率为：

$$P_x = \frac{l(x+1)}{l(x)} = \left(1 + \frac{D_x}{P_x}\right)^{-1}$$

继而，得到死亡概率 q_x。

通过对两种方法估计结果的比较，发现用法（2）得到的死亡概率比用法（1）更低，考虑到人口普查死亡状况的漏报，本书选用法（1）估计死亡概率。

7.2.2 其他假设

7.2.2.1 工资增长率假设

一般地，职工职业生涯的工资水平主要因两个因素增长：一是个人工作熟练程度和业绩的提高；二是整个社会的经济增长和通货膨胀而造成的工资

---

① 平均人口指 2020 年的分年龄平均人口，《中国 2020 年人口普查资料》给出了估计值。

增长。前者是个人因素，其对工资增长率的贡献记为业绩工资增长率；后者不包含个人的差异化因素，可以认为是社会平均工资增长率。

（1）业绩工资增长率。就业者的收入—年龄曲线通常是一个凸函数，即随着年龄增长，收入的增长率将逐渐下降，到达一定年龄之后，收入可能会逐年降低，尤其是那些体力劳动者。我国公职人员工资主要由职务和级别决定，因而呈现出更为明显的向上趋势。不过，公职人员工资同样也具有前期增长快、到达一定年龄后趋缓的特点。根据这一特点，对公职人员业绩工资增长率实行分段假设：23~35岁，增长率为2%；36~45岁，增长率为1%；46岁以后为0.8%。

（2）平均工资增长率。近年来我国机关事业单位平均工资增长较快。根据《中国人力资源和社会保障年鉴（2021）》，2019年事业单位和机关在岗职工平均工资分别为105 845元和101 554元，分别比2018年增长11.8%和7.7%。2020年机关和事业单位在岗职工平均工资合并统计，为113 196元。2010~2020年事业单位和机关在岗职工平均工资的平均增长率分别是11.4%和10.8%。考虑到预测期间跨度较长，本书对公职人员平均工资增长率采取分段假设：2021~2026年为10%，2027~2034年为6%，2035年以后为4%。

7.2.2.2 投资收益率假设

本书假定公职人员职业年金和基本养老保险的个人账户基金一样，实行受托模式的投资运营。二者的投资绩效应该相当，因此，假定二者投资收益率相等。

投资收益率的假设应当参考我国个人账户和全国社会保障基金的投资实践。根据全国社会保障基金理事会各年度财务报告，自2000年成立至2020年，全国社保基金年平均投资收益率为8.51%，2017~2019年，全国社会保障基金理事会受托管理的各地基本养老保险基金的投资收益率分别为5.23%、2.56%、11.3%。对于受托管理的城镇企业职工基本养老保险个人账户资金全国社保基金理事会承诺了最低3.5%的年收益率。从这些数字来看，对公职人员养老基金投资收益率应不低于3.5%。相比较地，从20世纪90年代国外养老基金投资表现来看，其平均投资收益率大多在 8% 以上[1]，我国当前的养老基金投资收益率与世界较低水平相比也仍然偏低。

另一个参照是我国企业年金投资收益率。根据人力资源和社会保障部发布的企业年金基金数据，2007～2021 年企业年金基金投资的年平均收益率为 7.17%。但有一些年份收益率较低，例如，2016～2018 年的收益率分别为 3.03%、5%、3.01%，2021 年收益率为 5.33%。见表 7-1。

表 7-1　　　　　全国社会保障基金和企业年金基金历年投资收益率　　　　　单位：%

年份	全国社会保障基金	企业年金
2007	43.19	41.00
2008	-6.79	-1.83
2009	16.12	7.78
2010	4.23	3.41
2011	0.84	-0.78
2012	7.01	5.68
2013	6.2	3.67
2014	11.69	9.30
2015	15.19	9.88
2016	1.73	3.03
2017	9.78	5.00
2018	-2.28	3.01
2019	15.5	8.30
2020	15.84	10.31
2021		5.33

资料来源：根据历年全国社会保障基金年度报告和全国企业年金基金业务数据整理。

另外，从长期来看，一些国家的实践经验已经证实，在一个有效的经济中，利息率至少会高于 GDP 及总收入的增长率。不论是发达国家还是发展中国家或地区，尽管不同时期各国的工资增长率以及各方面的投资收益率存在

---

[1]　刘俊霞，《收入分配与我国养老保险制度改革》，北京：中国财政经济出版社 2004 年版，239 页。

差异，但资本的收益率高于工资增长率却是相同的事实①。

综合以上信息及分析，本书假设基准情况下投资收益率的取值为 5%。在对投资收益率的敏感性分析中，将会设置不同的收益率水平。

7.3　制度内人口预测

为了较为准确地预测养老保险制度未来年度支出和债务，需要未来各年制度内分年龄人口数据。制度内人口的变动包括新雇员的加入、现有雇员的死亡、离职、退休等事件，需要对未来这些事件的发生情况进行假设，即养老金计划精算假设中的人口减因概率、新加入模式等。同时，未来人口的预测也需要以基年制度内分年龄人口为基础。

7.3.1　当前公职人员分年龄人口估计

由于缺乏公职人员在职职工和退休职工的分年龄人口数据，只能对其进行估计。当前，有关公职人员养老保障制度财务或债务预测的研究中，处理办法是假设公职人员年龄结构与社会人口一致，用全社会人口的分年龄结构代替公职人员群体的年龄结构。但是，公职人员群体的年龄结构显然与其他就业人群有较大的差异，与社会人口的年龄结构差异也较大。本书的思路是通关有关资料估计公职人员群体的人口年龄结构，再按公职人员人口总数按估计的部门内人口年龄结构进行分配。

7.3.1.1　公职人员年龄结构估计

我国 2004 年经济普查对企业、事业和机关单位的法人单位和产业活动单位就业人数进行了分年龄统计②。从公布的有关数据，可以估计得到公职人

① 李珍，《社会保障制度与经济发展》，武汉：武汉大学出版社 1998 年版，184 页。
② 后续的第三次和第四次经济普查不再披露按企业、机关和事业单位区分的职工分年龄数据。因此，本书仍使用第二次人口普查公布的有关数据。

员就业人口的年龄结构①，即 x 岁人口占就业人口的比例 kx，见图 7 - 1。

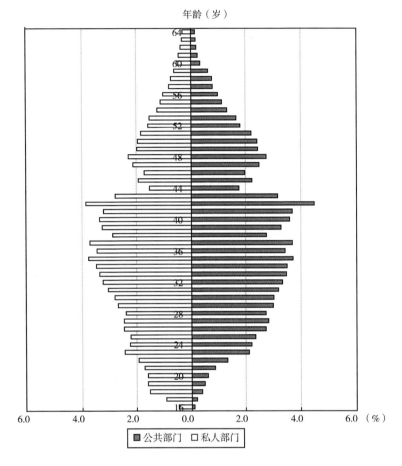

图 7 - 1　我国公职人员与企业职工人口年龄结构对比

资料来源：根据第二次经济普查有关数据计算。

对于已退休人口，由现有资料无法估计公职人员退休人口的年龄结构，
因而只能由城镇老年人口的年龄结构代替。

统计资料就业人口的年龄区间为 16~65 岁及以上，可见包含退休后再就
业人员。在测算中可以根据制度内参加工作年龄和退休年龄假设进行调整。

---

①　由"各行业企业、机关和事业单位人口数"可以计算出各行业就业人员中私人部门（企业）
雇员和公共部门（机关事业单位）雇员的比例，再由"分年龄的各行业人口数"按此比例分别估计
私人部门和公共部门雇员年龄结构。

7.3.1.2　分年龄人口数的估计

根据《中国劳动统计年鉴》，2020 年末机关事业单位基本养老保险制度的参保人数中，职工为 3 735.1 万人，离退休人员为 1 978.1 万人。基于估计的在职和退休人口年龄结构，可以估计得到 2020 年分年龄的在职人数和退休人数：

$$L_{t_0,x} = L_{t_0} k_x$$

7.3.1.3　在参加工作年龄为 23 岁、平均退休年龄为 58 岁的假设下，2020 年分年龄人口数见本章后附表 7 –1

7.3.2　未来各年制度内分年龄人口

有了基年分年龄人口数 $L_{t_0,x}$ 和死亡概率 q_x，就可以计算未来各年的分年龄人口数：

$$L_{t+1,x+1} = L_{t,x}(1 - q_{t,x}) \qquad x_0 \leqslant x < \omega$$
$$L_{t+1,x_0} = L_{t,r}$$

附表 7 –1 给出了部分年份的预测结果。

7.4　养老金水平预测

7.4.1　工资水平预测

根据现有资料可以得到基年的机关事业单位平均工资，在一定假设下可以估计出基年的分年龄平均工资。对于同一个年份来讲，不同年龄雇员的工资可以近似看作单个雇员在排除社会平均工资增长情况下的分年龄工资水平，其差异仅受业绩工资增长率影响。因此，可以假设各年龄的工资水平都可以

由 x_0 岁工资和各年龄的业绩工资增长率 h_x 决定：

$$S_{t_0,x} = \prod_{i=0}^{x-x_0-1} (1 + h_{x_0+i}) S_{t_0,x_0}$$

而基年的社会平均工资是各年龄工资水平的加权平均数：

$$\bar{S}_{t_0} = \frac{\sum_{x=x_0}^{r-1} L_{t_0,x} S_{t_0,x}}{\sum_{x=x_0}^{r-1} L_{t_0,x}} = \frac{\sum_{x=x_0}^{r-1} L_{t_0,x} \prod_{i=0}^{x-x_0-1} (1 + h_{x_0+i}) S_{t_0,x_0}}{\sum_{x=x_0}^{r-1} L_{t_0,x}}$$

因此，根据 2020 年的社会平均工资以及业绩工资增长率假设，可以得到 2020 年 22 岁雇员的工资水平，进而得到 23～57 岁的各年龄工资水平。进一步地，在未来各年平均工资增长率（j_t）假设下，可以得到未来的分年龄工资水平：

$$S_{t,x} = S_{t_0,x} \prod_{i=0}^{t-t_0-1} (1 + j_{t_0+i})$$

根据《中国人力资源和社会保障年鉴》，2020 年我国机关事业单位职工平均工资为 113 196 元。在业绩和平均工资增长率的假设下，可以估计得到 2020～2080 年历年的公职人员分年龄平均工资。

7.4.2　养老金水平预测

7.4.2.1　统筹账户基础养老金

改革后的机关事业单位基本养老保险金包括两部分：统筹账户的基础养老金和个人账户养老金。基础养老金以个人缴费工资和指数化平均工资的平均值为基数，在缴费 15 年以上的情况下每缴一年得到 1%。这里，设 x 岁职工于 t 年参保，根据基本养老保险计发办法，其基础养老金计算公式为：

$$\begin{cases} 1\% \cdot n \cdot \bar{s}_{t+n-1} \cdot \left(1 + \sum_{\alpha=0}^{n-1} \frac{s_{t+\alpha,x+\alpha}}{\bar{s}_{t+\alpha}}/n\right)/2 & n \geqslant 15 \\ 0 & n < 15 \end{cases} \quad (7-1)$$

其中，$\bar{s}_t$ 表示 t 年社会平均工资，$s_{t,x}$ 表示参保者 t 年 x 岁时的个人工资，n 表示缴费年数。

7.4.2.2 个人账户养老金

个人账户养老金可以通过个人缴费与待遇的精算平衡模型确定。

设某人在 t 年 x 岁时参加养老保险并为个人账户缴费，在 $t+n$ 年达到 $x+n$ 岁时退休并开始领取养老金。参加保险当年的缴费工资为 $s_{t,x}$，随着时间的延续和年龄的增长，以后各年的工资分别为 $s_{t+1,x+1}, s_{t+2,x+2}, \cdots, s_{t+n-1,x+n-1}$，如果各年的缴费率分别为 $g_t, g_{t+1}, \cdots, g_{t+n-1}$，个人账户的年度记账利率分别为 $i_t, i_{t+1}, \cdots, i_{t+n-1}$，这样，个人账户在退休当年的累积额为：

$$\ddot{s} = g_t \cdot s_{t,x} \prod_{s=0}^{n-1}(1+i_{t+s}) + g_{t+1} \cdot s_{t+1,x+1} \prod_{s=1}^{n-1}(1+i_{t+s}) + \cdots$$
$$+ g_{t+n-1} \cdot s_{t+n-1,x+n-1} \prod_{s=n-1}^{n-1}(1+i_{t+s})$$

如果各年的利率相等，年利率为 i，上式可以简化为：

$$\ddot{s} = g_t \cdot s_{t,x} \cdot (1+i)^n + g_{t+1} \cdot s_{t+1,x+1} \cdot (1+i)^{n-1} + \cdots$$
$$+ g_{t+n-1} \cdot s_{t+n-1,x+n-1} \cdot (1+i)$$

进一步地，如果各年的缴费率相等，均为 g，年工资按固定的增长率 k 增长，这时，上式简化为：

$$\ddot{s} = g[s_{t,x}(1+i)^n + s_{t+1,x+1} \cdot (1+i)^{n-1} + \cdots + s_{t+n-1,x+n-1} \cdot (1+i)]$$
$$= g \cdot s_{t,x}[(1+i)^n + (1+k)(1+i)^{n-1} + \cdots + (1+k)^{n-1}(1+i)]$$
$$= g \cdot s_{t,x} \cdot {}^s\ddot{s}_{\overline{n}|}$$

其中，${}^s\ddot{s}_{\overline{n}|}$ 是按工资增长率增长的年金终值系数。

个人账户在退休时的累积额按照生存年金的方式发放。如果退休当年 y 岁存活到 $y+s$ 岁的概率为 ${}_sp_y$，则退休当年的生存年金系数为：

$$\ddot{a}_y = 1 + \frac{1}{1+i_{t+n}} \cdot {}_1p_y + \frac{1}{(1+i_{t+n})((1+i_{t+n+1}))} \cdot {}_2p_y + \cdots$$

如果各年利率恒定为 j，上式可简化为：

$$\ddot{a}_y = 1 + v \cdot {}_1p_x + v^2 \cdot {}_2p_x + \cdots$$

这样，个人账户年度养老金领取额为：

$$\frac{g \cdot s_{t,x} \cdot {}^s\ddot{s}_{\overline{n}|}}{\ddot{a}_y} \qquad (7-2)$$

职工（"新人"）退休当年的养老金水平即为式（7-1）与式（7-2）结果之和。

7.5　制度年度收支

由于个人账户采取基金积累制，待遇由账户储存额除以计发系数得到，理论上来说不存在收支失衡及缺口的问题。因此，对于制度的收支预测，仅就统筹账户进行。按照"并轨"方案，机关事业单位养老保险基金单独建账，与企业职工基本养老保险的统筹账户分开管理。本小节测算改革后机关事业单位基本养老保险统筹账户的收支及平衡状况。

7.5.1　年度支出计算公式

养老金计划的财务现金流包括收入现金流和支出现金流，其中收入主要为缴费收入和基金投资收益，支出主要为各项待遇支付和管理费用支出等。我国公职人员养老保险制度本身不是作为一个统一且独立的财务账户存在的，而且没有缴费，因此，从制度本身，其财务现金流就是年度的待遇支出。

如果忽略养老金计划的死亡、伤残、遗属等所有其他待遇给付，只考虑退休给付，那么计划的年度支出就是退休者的养老金总给付额，它是所有分年龄退休者人数与分年龄养老金乘积的总和：

$$(AC)_t = \sum_{x=r}^{\omega-1} L_{t,x} \cdot B_{t,x} \qquad (7-3)$$

其中，t 为测算年，$(AC)_t$ 为 t 年制度的年度支出。ω 为人口年龄上限，$L_{t,x}$ （$x \geq r$）为 t 年 x 岁退休者人数，$B_{t,x}$ 为 t 年 x 岁退休者当年得到的养老金给付额。

7.5.2 统筹账户收支

统筹账户的收入为单位缴费。为了区分"降费改革"对制度收支的影响，分别在20%和16%两个缴费率下测算年度收入。年度支出为当年所有已退休职工的基础养老金总和。实践中，"老人""中人"和"新人"的基础养老金均由统筹账户发放，但是，"老人"养老金和"中人"的部分养老金事实上属于历史责任，是新建制度额外需承担的部分。为了将历史责任区分开来，我们做这样的处理：统筹账户对所有"老人""中人"和"新人"按照计发办法的待遇标准计发，即都依据式（7-1）确定。对于改革前没有发生实质缴费的"中人"，由于过去的贡献，其"视同缴费年数"就相当于工作年数，因此，退休当年所得基本养老金的计算公式一致。

社会统筹账户总支出及构成情况见图7-2。"老人"支出逐渐衰减，"中人"支出呈现先增长后下降的拱形特征，而自2050年开始陆续有"新人"退休之后，"新人"待遇支出攀升很快。

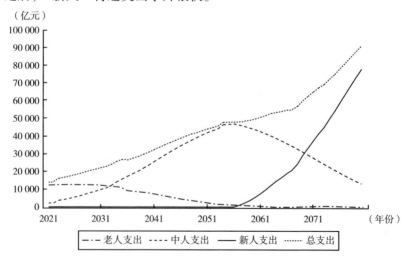

图7-2 机关事业单位基本养老保险统筹账户年度支出预测（16%缴费率）

　　20% 缴费率和 16% 缴费率下的收支情况分别见图 7 - 3 和图 7 - 4。从时间趋势上来看，账户年度支出和年度收入均呈现增长趋势。20% 缴费率下，2040 年以前，账户年度收入大于年度支出，年度结余为正值；2041 年以后，年度支出开始超过年度收入；到 2058 年以后又出现消涨波动。16% 缴费率下，2023 年就将出现当年的收不抵支情况。

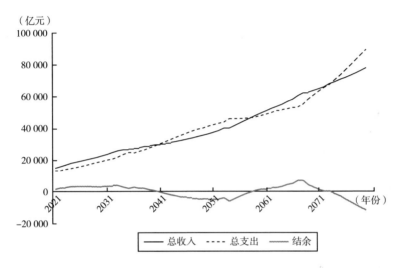

图 7 - 3　20% 缴费率下统筹账户收支及结余

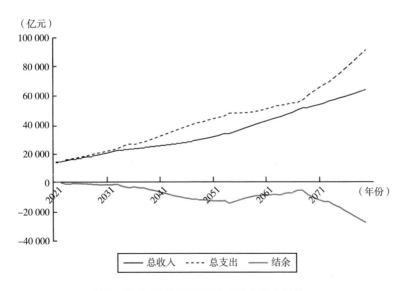

图 7 - 4　16% 缴费率下统筹账户收支及结余

7.6 替代率预测及改革前后的变化

本节预测转轨改革后的养老金替代率，并进行敏感性分析。同时，对改革前、改革后的养老金替代率进行对比，探讨改革对公职人员养老待遇的影响。

7.6.1 测算说明

假设一个标准雇员——工龄30年，工资水平与社会平均工资相等。

其他基本假设包括：社会平均工资增长率为5%；职工工资增长率的基准值为4%；投资回报率基准值为4%。其他有关假设与前面相同。

7.6.1.1 并轨后养老金

并轨后职工的养老金由三部分组成：统筹账户的基础养老金、个人账户养老金和职业年金。基础养老金和个人账户养老金分别由式（7-1）和式（7-2）给出。职业年金也采取个人账户的缴费确定型计划，其养老金计算原理与个人账户一致，即也由式（7-2）计算，只是缴费率有区别。

7.6.1.2 原机关事业单位退休金

机关工作人员的工资采取职级工资制，包括职务工资、级别工资、基本工资和工龄工资，退休时其基本工资和工龄工资全额发放，职务工资和级别工资按由工龄决定的计发比例发放。按照这个规定，机关工作人员退休时可获得的年养老年金金额为：

$$(s_{r-1} - s_g - n) \times k + s_g + n \tag{7-4}$$

其中，s_{r-1} 表示退休前工资，s_g 表示基本工资，n 表示工龄，k 表示计发比例，其取值与雇员的退休前的工龄有关，工龄越长，计发比例越高。由于对比的是 22 岁参加工作直至退休的典型职工的养老金水平,因此,本书取 $k =$ 90%,即原制度下典型职工的退休金为退休前工资的 90%。

7.6.2 不同工龄下的替代率及改革前后变化

假设职工入职参保时的初始工资为 50 000 元,基于前面的个人职业生涯的工资增长有关假设,可估计出职工退休前的工资。在三种缴费年数(工龄)35 年、25 年和 15 年的情况下,模拟得到改革后的基本养老金,即统筹账户养老金和个人账户养老金。制度改革前的退休金也可由退休前工资及相应的技法系数计算得到。养老金水平、养老金替代率以及待遇差距的模拟结果列入表 7-2。

表 7-2　　　　　　改革前后养老金及替代率比较:基本养老金

缴费年数	退休前年工资(元)	改革前		改革后		待遇变化	
		养老金(元)	替代率(%)	养老金(元)	替代率(%)	绝对额(元)	替代率(%)
35	262 665	234 559	89.3	185 704	70.7	-223 720	-18.6
25	129 004	101 526	78.7	60 631	47	-90 665	-31.7
15	79 196	53 615	67.7	20 670	26.1	-44 978	-41.6

如果考虑职工的职业年金待遇,将会大大提高公职人员的养老金总收入,模拟结果列入表 7-3。

表 7-3　　　　改革前后养老金及替代率比较:基本养老金+职业年金

缴费年数	退休前年工资(元)	改革前		改革后基本养老金+职业年金		待遇变化	
		养老金(元)	替代率(%)	养老金(元)	替代率(%)	绝对额(元)	替代率(%)
35	262 665	234 560	89.3	275 273	104.8	40 713	15.5
25	129 004	101 526	78.7	90 819	70.4	-10 707	-8.3
15	79 196	53 616	67.7	32 708	41.3	-20 908	-26.4

模拟结果显示，改革后，基本养老保险制度的养老金水平和替代率均低于改革前。待遇降低幅度随着工龄的降低而扩大。但加入职业年金后，养老金及替代率的变化方向不一致。对于工龄 35 年的职工，在前述假设下改革后的养老金替代率达到 104.8%，超过改革前替代率 15.5%。而对工龄较短的职工来说，则可能面临待遇下降。25 年工龄的职工替代率下降 8%，而 15 年工龄的职工则下降 26%。

可见，并轨后养老保险更强调个人和企业的缴费责任，以及养老金的精算公平，缴费期长和缴费期短的职工，在养老金待遇水平上差别很大。相对地，改革前制度的养老金在工龄上的差别要小得多，权利义务的对等关系相对较低。

总之，如果职工参加制度时间较长并持续参保缴费，那么他们的养老金水平及替代率将不会比改革前降低。

7.6.3 不同工资水平的替代率及改革前后变化

前面模拟了工资水平一定的前提下，各种工龄情况下职工的养老金水平及替代率的变化情况。这里固定工龄，测算各种工资水平情景下的替代率。假设职工退休时的工龄为 25 年。模拟在个人的初始工资分别为 60% 平均工资、100% 平均工资和 150% 平均工资三种情况下的养老金替代率及改革前后的变化。结果列于表 7 - 4。

表 7 - 4　　　　　　不同工资水平下的替代率及改革前后变化　　　　单位:%

工资水平	改革前	基本养老金	基本养老金 + 职业年金	变化 1	变化 2
60	91.2	72.2	96.3	- 19	5.1
100	89.9	61.3	85.4	- 28.6	- 4.5
150	89.3	54.7	78.8	- 34.6	- 10.5

表 7 - 4 中，"变化 1"表示只考虑基本养老金的替代率变化，"变化 2"表示加入职业年金后的替代率变化。可见，工资水平越高，对改革前后待遇变化的影响越大。改革前的退休金制度没有收入分配功能，仅由个人的工资

水平决定。而改革后的统筹账户养老金的计发基数采用个人缴费工资和平均工资的平均数，因而具有收入再分配的功能。工资收入高的职工待遇水平将有所下降，而工资水平较低的职工养老金待遇则有所增加。模拟结果显示：60%平均工资的职工，综合替代率提高 5.1%；150%平均工资的职工，综合替代率降低 10.5%。

公职人员分年龄人口预测、统筹账户支出预测、20%缴费率和16%缴费率下的统筹账户收入及结余情况分别见附表 7 - 1 ~ 附表 7 - 3。

附表 7 - 1　　　　　　　　　　公职人员分年龄人口预测　　　　　　　单位：万人

年龄	2020 年	2030 年	2040 年	2050 年	2060 年	2070 年	2080 年
22	132	114	105	102	89	102	83
23	82	103	101	99	58	108	98
24	86	92	120	109	47	60	118
25	91	91	131	110	40	77	126
26	106	83	135	115	36	68	116
27	109	68	165	121	144	86	125
28	106	62	116	125	76	95	112
29	116	50	65	127	80	85	111
30	117	43	82	135	84	84	122
31	124	38	72	124	98	77	125
32	129	154	92	134	101	63	153
33	134	81	102	100	98	58	107
34	136	85	91	119	108	47	60
35	144	90	90	130	109	40	76
36	133	105	82	134	115	35	67
37	144	108	67	164	120	143	86
38	107	105	62	115	124	75	94
39	127	115	50	64	125	79	84
40	139	116	43	81	133	84	83
41	143	122	38	72	123	97	76
42	175	128	152	91	133	100	62

年龄	2020 年	2030 年	2040 年	2050 年	2060 年	2070 年	2080 年
43	122	133	80	101	99	97	57
44	68	134	84	90	117	106	46
45	87	142	89	89	128	107	39
46	76	131	103	81	132	113	35
47	97	141	107	66	161	117	140
48	107	105	103	61	113	122	74
49	95	125	113	49	63	123	77
50	94	136	113	42	80	130	82
51	86	140	119	37	70	120	95
52	70	170	124	148	89	129	98
53	64	119	129	78	98	96	94
54	51	66	129	81	87	114	103
55	44	84	137	86	86	124	103
56	39	73	126	99	78	127	108
57	31	93	135	102	63	154	113
58	133	102	100	98	58	107	116
59	121	90	118	107	46	59	117
60	115	89	128	107	40	75	123
61	105	80	131	112	35	66	113
62	99	65	159	116	138	83	120
63	99	59	110	119	72	91	89
64	99	47	61	119	75	80	105
65	100	40	76	125	78	78	113
66	84	35	66	113	90	70	114
67	93	28	83	120	91	56	137
68	88	117	90	88	87	51	95
69	86	105	78	103	93	40	52
70	85	98	76	109	91	34	64
71	75	88	67	110	94	29	55
72	77	81	53	130	95	113	68

续表

年龄	2020 年	2030 年	2040 年	2050 年	2060 年	2070 年	2080 年
73	64	79	47	88	95	58	72
74	57	76	37	47	92	58	62
75	59	76	30	58	94	59	59
76	47	62	26	48	83	66	51
77	46	66	20	59	85	64	40
78	39	60	80	61	60	59	35
79	32	56	69	51	67	61	26
80	33	53	61	47	69	57	21
81	26	44	52	40	65	56	17
82	22	43	45	30	73	53	63
83	19	34	42	25	46	50	30
84	17	28	38	18	23	46	29
85	13	27	35	14	27	43	27
86	10	20	26	11	21	36	28
87	8	18	26	8	23	34	25
88	6	14	22	29	22	22	21
89	5	11	19	23	17	22	20
90	4	10	16	18	14	20	17
91	3	7	12	14	11	17	15
92	2	5	10	11	7	17	13
93	2	4	7	9	5	10	10
94	1	3	5	7	3	4	8
95	1	2	4	6	2	4	7
96	1	1	3	4	2	3	5
97	0	1	2	3	1	3	4
98	0	1	2	2	3	2	2
99	0	0	1	2	2	2	2
100	0	0	1	1	2	1	2

　　注：预测结果基于一定的假设得出，具体数据可能与现实情况不符（如假设所有新成员都在 22 岁入职），但作为基本养老保险统筹账户总收入和总支出预测的基础是合理的。

附表 7－2　　　　　　　　　　统筹账户支出预测结果　　　　　　　　　单位：亿元

年份	"老人"支出	"中人"支出	"新人"支出	总支出
2021	11 756	2 200	0	13 956
2022	12 116	2 278	0	14 394
2023	12 469	3 669	0	16 138
2024	12 551	4 147	0	16 699
2025	12 609	4 749	0	17 358
2026	12 640	5 456	0	18 095
2027	12 642	6 224	0	18 866
2028	12 613	7 139	0	19 752
2029	12 552	8 044	0	20 597
2030	12 457	8 842	0	21 299
2031	12 327	9 783	0	22 110
2032	12 161	10 618	0	22 779
2033	11 960	12 016	0	23 976
2034	11 565	14 028	0	25 593
2035	11 147	15 629	0	26 777
2036	9 210	17 239	0	26 449
2037	8 755	18 772	0	27 527
2038	8 285	20 123	0	28 408
2039	7 804	21 919	0	29 722
2040	7 313	23 638	0	30 951
2041	6 816	25 534	0	32 349
2042	6 318	27 366	0	33 684
2043	5 826	29 219	0	35 044
2044	5 345	31 035	0	36 380
2045	4 881	32 800	0	37 681
2046	4 435	34 491	0	38 926
2047	4 014	36 174	0	40 188
2048	3 618	37 712	0	41 330
2049	2 747	39 292	0	42 039
2050	2 407	40 812	970	43 219

续表

年份	"老人"支出	"中人"支出	"新人"支出	总支出
2051	2 095	42 081	2 229	44 177
2052	1 816	43 240	3 656	45 056
2053	1 569	44 305	5 468	45 874
2054	1 355	46 622	7 531	47 976
2055	1 174	46 855	9 705	48 029
2056	1 021	47 103	12 228	48 124
2057	896	46 444	14 631	48 311
2058	796	45 677	16 636	48 702
2059	715	44 801	18 966	49 173
2060	649	43 824	20 917	49 940
2061	593	42 747	24 294	50 871
2062	548	41 574	29 151	51 827
2063	509	40 315	33 346	53 052
2064	0	38 970	37 563	53 601
2065	0	37 534	41 576	54 171
2066	0	36 025	45 114	54 991
2067	0	34 452	49 815	55 369
2068	0	32 829	54 316	57 122
2069	0	31 159	59 276	60 310
2070	0	29 465	64 069	62 811
2071	0	27 751	68 916	65 314
2072	0	26 036	73 665	67 612
2073	0	24 332	78 280	69 445
2074	0	22 639	82 701	72 454
2075	0	20 971	87 099	75 287
2076	0	19 317	91 114	78 593
2077	0	17 692	95 239	81 761
2078	0	16 147	99 209	85 063
2079	0	14 675	102 519	88 340
2080	0	13 291	105 539	91 571

附表 7 – 3   20%缴费率和16%缴费率下的统筹账户收支及结余　　单位：亿元

年份	总支出	16%缴费率		20%缴费率	
		总收入	结余	总收入	当年结余
2021	13 956	14 548	593	14 885	1 630
2022	14 394	14 541	146	15 876	2 482
2023	16 138	15 366	– 771	16 908	2 770
2024	16 699	16 266	– 432	18 033	3 334
2025	17 358	16 859	– 499	18 774	3 416
2026	18 095	17 449	– 646	19 511	3 416
2027	18 866	18 081	– 785	20 301	3 436
2028	19 752	18 670	– 1 082	21 037	3 285
2029	20 597	19 287	– 1 310	21 809	3 212
2030	21 299	20 059	– 1 239	22 774	3 475
2031	22 110	20 773	– 1 337	23 667	3 557
2032	22 779	21 749	– 1 030	24 886	4 107
2033	23 976	22 586	– 1 389	25 933	3 957
2034	25 593	23 069	– 2 525	26 536	2 943
2035	26 777	23 399	– 3 378	26 949	2 172
2036	26 449	23 733	– 2 716	27 367	2 918
2037	27 527	24 096	– 3 430	27 820	2 294
2038	28 408	24 709	– 3 699	28 587	2 179
2039	29 722	25 057	– 4 665	29 021	1 299
2040	30 951	25 521	– 5 430	29 602	651
2041	32 349	25 888	– 6 461	30 061	– 289
2042	33 684	26 325	– 7 360	30 606	– 1 078
2043	35 044	26 765	– 8 280	31 156	– 1 889
2044	36 380	27 243	– 9 137	31 753	– 2 626
2045	37 681	27 760	– 9 920	32 401	– 3 280
2046	38 926	28 350	– 10 576	33 137	– 3 789
2047	40 188	28 923	– 11 265	33 853	– 4 334
2048	41 330	29 614	– 11 715	34 718	– 4 612
2049	42 039	30 284	– 11 755	35 555	– 4 484
2050	43 219	30 947	– 12 272	36 383	– 4 836

续表

年份	总支出	16% 缴费率		20% 缴费率	
		总收入	结余	总收入	当年结余
2051	44 177	31 756	− 12 421	37 395	− 4 782
2052	45 056	32 630	− 12 426	38 487	− 4 569
2053	45 874	33 895	− 11 979	40 069	− 3 805
2054	47 976	33 886	− 14 091	40 057	− 5 919
2055	48 029	35 171	− 12 858	41 664	− 4 365
2056	48 124	36 472	− 11 652	43 290	− 2 834
2057	48 311	37 790	− 10 521	44 937	− 1 373
2058	48 702	39 028	− 9 673	46 485	− 216
2059	49 173	40 318	− 8 855	48 097	925
2060	49 940	41 496	− 8 444	49 570	1 630
2061	50 871	42 605	− 8 266	50 956	2 085
2062	51 827	43 786	− 8 041	52 433	2 605
2063	53 052	44 780	− 8 272	53 675	2 623
2064	53 601	45 806	− 7 795	54 957	3 357
2065	54 171	47 217	− 6 954	56 721	4 550
2066	54 991	48 396	− 6 594	58 196	5 205
2067	55 369	50 228	− 5 141	60 485	7 116
2068	57 122	51 606	− 5 517	62 207	7 085
2069	60 310	51 984	− 8 326	62 680	4 370
2070	62 811	52 850	− 9 961	63 762	2 951
2071	65 314	53 725	− 11 590	64 856	1 542
2072	67 612	54 675	− 12 937	66 044	432
2073	69 445	56 280	− 13 165	68 051	605
2074	72 454	57 190	− 15 263	69 188	− 1 266
2075	75 287	58 407	− 16 880	70 708	− 2 578
2076	78 593	59 368	− 19 226	71 910	− 4 684
2077	81 761	60 509	− 21 252	73 337	− 6 424
2078	85 063	61 662	− 23 402	74 777	− 8 286
2079	88 340	62 913	− 25 427	76 342	− 9 999
2080	91 571	64 269	− 27 303	78 036	− 11 535

第8章　结论与政策建议

8.1　研究结论

本书研究结论具体如下。

（1）机关事业单位养老保险制度改革取得初步进展。机关事业单位养老保险制度改革对完善我国养老保障制度体系具有重要意义，是全面深化改革的重要内容。改革正式终结了延续半个世纪的机关事业单位退休金制度，确立了与企业职工一致的基本养老保险＋补充养老保险的多层次养老保障体系，改变了长期受到诟病的城镇职工养老保险"双规制"及其带来的不公平问题，是我国养老保障体系由"碎片化"走向统一的重要环节。

2015年《国务院关于机关事业单位工作人员养老保险制度改革的决定》发布以后，人力资源和社会保障部陆续发布了《关于贯彻落实〈国务院关于机关事业单位工作人员养老保险制度改革的决定〉的通知》《关于机关事业单位基本养老保险关系和职业年金转移接续有关问题的通知》《机关事业单位工作人员基本养老保险经办规程》等一系列文件，对改革的执行和推进做出了具体的规范和要求。不同于以往试点改革的滞后与拖延，各地区比较快速地做出了反应，纷纷于2015年出台了相应的机关事业单位养老保险制度改革决定①。随着改革推进，又陆续发布了转移接续、改革试点衔接、经办业务等具体措施。

---

① 仅贵州于2016年发布。

在这些从中央到地方的各级、各角度政策的推动下，各地机关事业单位养老保险制度改革陆续开展，已取得初步进展。根据《中国人力资源和社会保障年鉴（2021）》，截至 2020 年末，全国参加机关事业单位基本养老保险人数共计 5 713 万人，其中，参保职工 3 735 万人，离退休人员 1 978 万人。2020 年机关事业单位基本养老保险基金收入 14 195.3 亿元，基金支出 13 689.1 亿元，结余 3 914 万元，是 2014 年的 3.33 倍。公职人员职业年金也全面建立，并取得较好的投资运营效果。截至 2020 年底，全国除西藏外，其余 32 个统筹区均已启动职业年金市场化投资运营，基金规模 1.29 万亿元，全年投资收益率超过 12%。[①]

（2）改革推进中仍存在一些问题及障碍。机关事业单位养老保险制度改革涉及面广、情况复杂，又牵涉新政与试点改革政策的衔接，以及范围广泛的"中人"的参保处理，在推行中面临很多挑战。虽然改革已取得了初步成效，但是也呈现出很多问题，暴露了一些缺陷和障碍。

一是制度设计与现实情况的冲突。并轨改革方案明确规定了参保范围是按公务员法管理及参照公务员法管理的机构以及公益一类和二类事业单位的"编制内工作人员"。这一规定造成了机构内部的养老金制度分化。"编制"内外工作人员的养老金制度差异带来公平性质疑和具体经办操作上的难题。另外，按照"编制"来确定养老保险的覆盖范围也与我国当前机构改革的现状和趋势不相适应。近年来，事业单位改革在逐步弱化编制的作用，努力将管理方式从身份管理向聘用和岗位管理转变，"编制外"职工比例大幅增加，甚至超过"编制内"职工人数。编制外职工不能参加机关事业单位基本养老保险制度，也将使制度的参保人口，特别是在职缴费人口数量受到限制，恶化制度抚养比。

二是新旧制度衔接的困难。并轨改革前长达十余年的试点改革，虽然打下了一定的基础，但是也造成制度衔接的困难。制度衔接需要大量的人员划分、资金清算等工作，具体操作繁杂琐碎，造成改革推进的困难。同时，由于试点改革措施差异性大，与新的改革方案存在一定的冲突和差异，增加了

---

① 《中国人力资源和社会保障年鉴（2021）》工作卷，第 697 页。

衔接工作的困难。

　　三是"中人"群体参保问题的复杂性。"中人"群体数量大、复杂性高，其利益受改革影响最大。妥善解决"中人"参保问题是改革顺利推进的关键。"并轨"改革方案明确了"中人"的过渡办法，提出"10年过渡期"以及"过渡养老金"的计发办法。尽管如此，"中人"问题仍有很多挑战。首先，"中人"群体身份复杂多样，人员和资金的清算等具体执行工作复杂性高。其次，对"中人"的补贴标准难以明确，在各地实践中，"中人"补贴的确定和实际发放都比较滞后。最后，"中人"在旧制度下累积的养老金权益属于历史债务，本质上不应由新制度承担，但改革并未明确这一历史债务的责任承担方式。现实的做法是由基本养老保险基金发放，这将额外增加基金的支出负担。

　　四是统筹层次问题。财力及负担能力的不均衡，是各地养老保险基金收支规模不平衡的一个根源，各地在统筹过程中利益差异较大，造成提高统筹层次的障碍。统筹层次过低，不仅影响人员的流动、降低基金的调剂和支付能力，也会增加管理成本。基金过于分散，投资运营不能取得规模收益，不利于基金保值增值，损害基金的财务可持续性，最终导致参保人员养老金权益的损失。

　　（3）机关事业单位养老保险改革具有正向经济效应和福利效应。通过世代交叠模型一般均衡分析，政策实验及数值模拟结果显示，"并轨"改革对经济的影响是中性的，而降低现收现付制养老保险待遇水平具有正向的经济效应。相比建立名义账户或在现收现付筹资模式下要求个人缴费的改革设想，"并轨"改革方案更为可取。

　　（4）改革后机关事业单位基本养老保险制度抚养比较高，存在支付危机。由于事业单位分类改革、"并轨"改革对制度覆盖范围的规定等原因，机关事业单位基本养老保险的应参保职工数受到限制，低于总职工人数。另外，根据"老人"老办法，制度内的已退休人数受分类改革及参保范围限制的影响较小，造成制度内抚养比失衡。统计数据显示，近年来机关事业单位养老保险制度抚养比增长极快，尤其是"并轨"改革后的年份。2016年和2017年，抚养比分别为41.7%和45.9%。机关事业单位基本养老保险的抚养比远远高于企业职工基本养老保险制度，而且增长速度也更高。

抚养比的攀升造成制度负担成本的高涨及收支状况的恶化。本书的精算预测结果显示，统筹账户基金将在未来两年出现支付缺口。缺口规模将随时间推移而逐步扩大。

（5）新制度对参保个人更具有激励性，参保缴费时间较长的职工待遇不降反升。根据参保职工的替代率预测结果，对于工龄 35 年的职工，在相关假设下改革后的养老金替代率达到 104.8%，比改革前替代率提高 15.5%。而对工龄较短的职工来说，则可能面临待遇下降。因此，并轨后养老保险更强调个人和企业的缴费责任，以及养老金的精算公平。缴费期长和缴费期短的职工，在养老金待遇水平上差别很大，参保缴费时间较长的职工待遇不降反升。

（6）改革后制度更具有收入再分配作用，工资水平高的职工养老利益相对受损，而工资水平低的职工待遇受益提高。改革前的退休金制度没有收入分配功能，仅由个人的工资水平决定。而改革后的统筹账户养老金的计发基数采用个人缴费工资和平均工资的平均数，因而具有收入再分配的功能。工资收入高的职工待遇水平将有所下降，而工资水平较低的职工养老金待遇则有所增加。模拟结果显示，60% 平均工资的职工，综合替代率提高 5.1%；150% 平均工资的职工，综合替代率降低 10.5%。工资水平越高，对改革前后待遇变化的影响越大。

8.2　主要政策建议

基于研究结论，本书提出如下政策建议。

（1）进一步完善养老保障体系顶层设计，持续推进统一化进程。并轨改革虽然实现了城镇职工养老保险的制度统一，但不同群体间仍存在着割裂。首先，基本养老保险没有实现全员统筹。作为基本养老保险制度核心的统筹账户养老金，承担着我国养老保障制度"广覆盖、保基本"的基本目标，也承担着收入再分配的职能。从制度出发点来说，这一制度层次应当在全社会范围内进行统筹。从世界范围来看，最低层次的基础养老金大多并不对社会成员群体进行区别划分，而是统一参保、统筹管理。我国机关事业单位养老保险制度虽然在设计上与企业一致，但基金单独建账，在实质上仍然是割裂的两个制度。其次，职业年金强制建立，并且单位缴费和个人缴费强制执行，这就确保了机关事业单位的补充养老保险待遇。相对地，企业年金自愿建立，规定缴费率上限是12%，可见，在这一制度层面，养老待遇必然仍将存在差距。特别是中小企业，雇主缺乏建立企业年金的意愿和实力，第二层次的养老保障难以落实。

机关事业单位养老保险采取"增量改革"，为了改革的顺利推进设立了单独建账、"待遇不降低"的原则，这固然是我国当前形势下的一个现实选择，但也造成了"隐性双轨制"的隐忧。从分裂走向整合、从"碎片化"走向"统一"是我国养老保障体系建设的方向，应进一步完善养老保障体系顶层设计，持续推进统一化进程。在增量改革的基础上，探索建立完全统一的基本养老保险制度的方式和时机。

（2）进一步完善机关事业单位基本养老保险制度及改革措施。首先，提高统筹层次。在切实落实机关事业单位基本养老保险制度全国范围内省级统筹的基础上，逐步实现全国统筹。提高统筹层次，需要先在改革的具体措施上实现政策统一，政策及技术上的障碍清除之后，实现全国统筹的关键就在于政府间的利益博弈。在全面深化改革的背景下，中央政府应承担起基本养老保险的责任，重组养老保险经办机构，实现垂直管理，在全国范围内统收统支。其次，明确并统一"中人"补贴水平及过渡细则。涉及"中人"的养老金政策是改革的重点和核心，既重要、又复杂。各地在改革推行中的政策差异也主要体现在"中人"的补贴办法及过渡细则上。中央应在沟通与调研的基础上，总结各地实践中的经验和问题，出台明确统一的过渡性养老金的计发办法，包括视同缴费年限、过渡系数等。最后，加强信息系统建设。改造升级现有信息系统，统一信息口径和标准，完善数据采集、补录、分析、对比、核实，以及系统的维护、运营、升级、技术开发等具体工作，为推进机关事业单位养老保险改革及提高统筹层次提供技术和数据支撑。

（3）完善事业单位分类及人事制度等配套改革。继续加快推行事业单位分类改革、规范编制管理。事业单位分类改革已有约 10 年的时间，改革方案已经确定，大多数地区完成了各地辖区内事业单位分类基础工作。但分类改革涉及诸多利益权衡，加上事业单位的复杂性，一些单位承担的职能边界模糊，改革的推进较为缓慢。但还有很多事业单位职能划分不清而未能明确分类，应进一步细化和规范分类标准，可以将不同类型事业单位的职能及业务尽可能详细地列出；应继续下发文件、限定转制时间、制定实施方案细节指引，必要时可出台扶持政策，在保证分类科学合理的前提下尽可能加快分类改革进程。

继续加强事业单位人事制度改革，由编制管理向岗位管理转变。在划分公益二类事业单位的同时，明确编制管理问题，总结医院、高校改革经验，并推广北京、深圳的做法。打破因编制不同而导致的社会保险福利差异，有助于并轨改革的顺利推行。

（4）建立并完善机关事业单位养老保险治理结构。纵观世界范围内的公职人员养老金计划，一项非常值得借鉴的经验就是建立科学的治理结构。公职人员养老金计划天然地存在着委托—代理风险，为了保护利益相关者，应建立科学的治理结构，规范和约束代理人的行为，使其以计划参加者及受益人的利益为唯一目标。我国在公职人员养老保险制度改革及管理方面还欠缺治理视角，缺乏有效的治理结构和治理机制，治理主体缺位，也欠缺相应的控制风险的治理机制和问责制度。随着基金规模的扩大和制度的完善，应适时探索建立适宜的治理结构。

（5）探索适合、高效的投资管理模式，确保基金保值增值。改革后的多层次养老保障体系中，现收现付制度的规模缩小，养老金缺口要依赖个人账户和职业年金补足。个人账户和职业年金均采取基金积累方式，养老待遇由退休时的账户储存额决定，因此，基金投资和保值增值对于新制度的保障水平至关重要。实践中，由全国社会保障基金理事会受托管理基本养老保险基金，进行投资运作，取得了相对不错的保值增值效果。当前制度规定由人社部负责在京中央国家机关及所属事业单位基本养老保险的管理工作，同时集中受托管理其职业年金，京外单位基本养老保险实行属地化管理。但关于基金特别是个人账户资金的投资问题还没有明确。可以借鉴全国社会保障基金理事会受托管理的模式，进行投资运作。另外，逐步加快提高统筹层次的进程，使基金向上集中，形成规模效益，减少管理成本。

（6）完善职业年金制度，强化职业年金的养老保障功能。职业年金提供了可观的养老金待遇，是多层次养老保障体系的重要组成部分。经测算，职业年金大约可以提供30%的替代率（对于30年工龄职工），可有效防止职工待遇比改革前下降，有利于改革的推进。本书的测算结果显示，加上职业年金待遇后，改革后的公职人员养老金制度可以对35年工龄的职工提供超过100%的替代率。

一方面，职业年金在治理结构及投资管理上可充分借鉴企业年金的发展经验。另一方面，职业年金与企业年金在制度设计上有一定的差异。主要体现在"单位缴费"方面。按照《机关事业单位职业年金办法》，财政全额供款单位的单位缴费采取记账方式，按记账利率计息。也就是说，职业年金并不是绝对意义上的"完全积累"制度，而是呈现完全积累的个人缴费和"名义账户"的单位缴费相结合的制度形式。这种设置办法虽然节省了当前的财政支出，但是增加了制度的复杂性。为探讨适合这一制度模式的管理办法，可以广泛借鉴世界范围的公职人员养老金计划，特别是有类似特征的现金余额计划等混合计划。

参 考 文 献

［1］艾蔚、朱萌：《余命延长条件下养老保险制度选择的劳动力供给质量效用分析》，载《人口学刊》2017 年第 6 期。

［2］柏杰：《养老保险制度安排对经济增长和帕累托有效性的影响》，载《经济科学》2000 年第 1 期，第 78 ~ 88 页。

［3］布兰查德、费希尔著：《宏观经济学高级教程》，刘树成等译，北京：经济科学出版社 1992 年版。

［4］才国伟、刘剑雄：《收入风险、融资约束与人力资本积累——公共教育投资的作用》，载《经济研究》2014 年第 7 期。

［5］蔡昉：《中国人口与劳动问题报告（2003）——转轨中的城市贫困问题》，北京：社会科学文献出版社 2003 年版。

［6］曹园：《机关事业单位养老保险新政对财政支出影响的精算分析》，载《保险研究》2015 年第 12 期。

［7］昌忠泽：《人口老龄化的经济影响——对文献的研究和反思》，载《财贸研究》2018 年第 2 期。

［8］陈凯、段誉：《不同养老保障机制与家庭储蓄率——基于世代交叠模型的实证研究》，载《技术经济与管理研究》2014 年第 6 期。

［9］陈洋、张霁雯、穆怀中：《机关事业单位养老保险统筹账户降低缴费率对财政支出的影响研究》，载《经济理论与经济管理》2020 年。

［10］成志刚、唐沙：《机关事业单位养老保险制度改革的成本与收益——基于制度变迁的视角》，载《湘潭大学学报（哲学社会科学版）》2016 年第 6 期。

［11］褚福灵：《机关事业单位养老保险制度改革历程和经验》，载《中国高等教育》2016 年第 7 期。

［12］邓翔、万春林、路征：《人力资本、预期寿命与推迟生育——基于四期 OLG 模型的理论与实证》，载《西南民族大学学报（人文社科版）》2018 年第 9 期。

［13］董黎明：《机关事业单位养老保险制度的人性化选择》，载《技术经济》2007 年第 3 期，第 121 ~ 124 页。

［14］董振廷：《机关事业单位养老保险改革对于财政支付压力的影响分析——以中小学教师为例》，载《社会保障研究》2016 年第 5 期。

［15］杜雯翠、张平淡：《人口老龄化与环境污染：生产效应还是生活效应?》，载《北京师范大学学报（社会科学版)》2019 年第 3 期。

［16］樊长科、林国彬：《延迟退休有利于提高养老金支出和经济增长水平吗? ——一个基于世代交叠模型的思考》，载《经济体制改革》2015 年第 1 期。

［17］方显仓、张卫峰：《人口老龄化与货币政策有效性——理论演绎与跨国证据》，载《国际金融研究》2019 年第 7 期。

［18］封进：《人口结构变动的福利效应》，载《经济科学》2004 年第 1 期，第 35 ~ 46 页。

［19］封进：《中国养老保险体系改革的福利经济学分析》，载《经济研究》2004 年第 2 期，第 55 ~ 63 页。

［20］高和荣：《底线公平：机关事业单位养老保险制度改革的价值取向》，载《探索》2015 年第 6 期。

［21］葛延风：《中国机关事业单位养老保险制度改革研究：一种方案设计》，北京：外文出版社 2003 年版。

［22］龚锋、王昭、余锦亮：《人口老龄化、代际平衡与公共福利性支出》，载《经济研究》2019 年第 8 期。

［23］龚锋、余锦亮：《人口老龄化、税收负担与财政可持续性》，载《经济研究》2015 年第 8 期。

［24］龚秀全：《机关事业单位养老保险制度改革完善研究》，载《华东

理工大学学报（社会科学版）》2011 年第 6 期。

[25] 郭磊、毛畅果：《收入分配中的性别差异——来自工资与养老保险的解释》，载《软科学》2018 年第 9 期。

[26] 郭磊、潘锦棠：《养老保险"双轨制"的起源与改革》，载《探索与争鸣》2015 年第 5 期。

[27] 郭磊、苏涛永：《企业年金缩小企业与机关事业单位职工养老金差距的政策仿真研究——工资异质性的视角》，载《社会保障研究》2013 年第 2 期。

[28] 郭磊：《我国机关事业单位养老保险制度：破除路径依赖的"魔咒"》，载《贵州社会科学》2013 年第 11 期。

[29] 韩国栋：《企业养老金与机关事业退休费差距问题分析与思考》，载《山东社会保障》2007 年第 1 期，第 20～23 页。

[30] 何小伟、郑伟：《机关事业单位职业年金：可行性分析与制度设计》，载《江西财经大学学报》2014 年第 5 期。

[31] 何樟勇、袁志刚：《基于经济动态效率考察的养老保险筹资模式研究》，载《世界经济》2004 年第 5 期，第 3～12 页。

[32] 华迎放：《建设统一的养老保险制度》，载《瞭望新闻周刊》2006 年 5 月 29 日，第 24～25 页。

[33] 黄绪全：《关于稳步推进机关事业单位养老保险制度改革的思考》，载《经济研究参考》2016 年第 5 期。

[34] 黄莹：《人力资本投资、收入差距与养老保险制度改革》，载《经济经纬》2009 年第 4 期。

[35] 江宇源：《公务员养老金对资本存量的影响——基于两部门 OLG 模型的理论分析》，载《云南财经大学学报》2014 年第 5 期。

[36] 姜玉贞：《机关事业单位养老保险制度转轨的现实意义及潜在风险》，载《山东大学学报（哲学社会科学版）》2016 年第 3 期。

[37] 解雨巷、解垩、曲一申：《财政教育政策缓解了长期贫困吗？——基于贫困脆弱性视角的分析》，载《上海财经大学学报》2019 年第 3 期。

[38] 金成晓、张东敏：《公共支出结构、最优税收与经济增长》，载

《吉林大学社会科学学报》2016 年第 5 期。

[39] 靳文惠：《预期寿命、生育率变动与基本养老保险统筹账户调整》，载《南方经济》2018 年第 6 期。

[40] 景鹏、郑伟：《国有资本划转养老保险基金与劳动力长期供给》，载《经济研究》2019 年第 6 期。

[41] 康传坤、楚天舒：《人口老龄化与最优养老金缴费率》，载《世界经济》2014 年第 4 期。

[42] 康传坤：《提高缴费率还是推迟退休?》，载《统计研究》2012 年第 12 期。

[43] 科林·吉列恩等著：《全球养老保障—改革与发展》，杨燕绥等译，北京：中国劳动与社会保障出版社 2002 年版。

[44] 李春根、张彦：《机关事业单位与城镇企业职工养老保险待遇差距探析》，载《江西社会科学》2014 年第 3 期。

[45] 李洪心：《人口经济动力学与 CGE 模型仿真》，载《信息与控制》，第 33 卷第 2 期，第 236 ~ 240 页。

[46] 李建民、原新、王金营：《持续的挑战：21 世纪中国人口形势、问题与对策》，北京：科学出版社 2000 年版。

[47] 李隽、徐再波：《机关事业单位养老保险制度改革探索——以江苏省连云港市为例》，载《社会保障研究》2012 第 2 期。

[48] 李欧，苗桂祥，胡明杰：《机关事业单位社会养老保险制度的构建》，载《中共天津市委党校学报》2005 年第 4 期，第 100 ~ 109 页。

[49] 李培、丁少群：《新型城镇化过程中养老金并轨能缩小收入差距吗——兼论机关事业单位养老金改革》，载《当代经济科学》2016 年第 4 期。

[50] 李培、范流通：《中国城镇职工养老保险费率调整空间研究》，载《保险研究》2018 年第 1 期。

[51] 李绍光：《行政事业单位养老金改革构想》，载《中国金融》2006 年第 17 期，第 33 ~ 34 页。

[52] 李绍光：《深化社会保障改革的经济学分析》，北京：中国人民大学出版社 2006 年版。

[53] 李时宇:《从现收现付制转轨为基金积累制的收益研究——隐性债务下世代交叠一般均衡模型的理论分析及模拟》,载《财经研究》2010年第8期。

[54] 李树苗、姜全保、孙福滨:《"五普"人口总量和结构的分析与调整》,载《人口学刊》2006年第5期,第3~9页。

[55] 李晓飞、臧旭恒、姚健:《我国养老保险制度并轨对家庭储蓄率及消费的影响——2015年机关事业单位养老保险改革的经验证据》,载《南开经济研究》2021年第6期。

[56] 李雪增、蒋媛媛:《"统账结合"养老保险体制的动态经济效应研究——基于政府负债的分析视角》,载《财经问题研究》2014年第4期。

[57] 李真男:《社会分层、收入差异和机关事业单位养老保险的可能取向》,载《改革》2013年第2期。

[58] 廖楚晖、于凌云:《养老保险与人力资本投资的研究新进展》,载《经济学家》2009年第3期。

[59] 林俏:《机关事业单位与企业养老保险并轨法律对策研究》,载《当代经济管理》2018年第2期。

[60] 林义、何沛:《OECD国家公职人员差异化养老保险制度的经验》,载《行政管理改革》2015年第5期。

[61] 刘桂莲:《美国州和地方政府公职人员养老基金投资监管经验与启示》,载《兰州学刊》2018年第11期。

[62] 刘敏、姜楠:《基于代际交叠模型的养老保险机制比较》,载《管理科学文摘》2008年第3期。

[63] 刘远风:《机关事业单位养老保险的政府兜底责任及履责机制》,载《湖南农业大学学报(社会科学版)》2017年6月。

[64] 柳清瑞、苗红军:《人口老龄化背景下的推迟退休年龄策略研究》,载《人口学刊》2004年第4期,第3~7页。

[65] 柳清瑞、穆怀中:《基于代际交叠模型的养老保险对资本存量和福利的影响》,载《辽宁大学学报(哲学社会科学版)》2003年第2期。

[66] 卢驰文:《机关事业单位养老保险改革的制约因素与策略选择》,

载《理论探索》2011 年第 5 期。

　　[67] 卢洪友、杜亦譞：《公共教育融资的平等与增长效应——基于生育率和人力资本双重视角的理论与实证研究》，载《武汉大学学报（哲学社会科学版）》2018 年第 3 期。

　　[68] 马斌、蒋莹、叶青：《关于缩小企业与机关事业单位养老金差距的研究述评》，载《经济与管理》2013 年第 6 期。

　　[69] 马斌、王丹阳、李中斌：《缩小企业与机关事业单位退休职工养老金差距问题研究》，载《经济与管理》2014 年第 6 期。

　　[70] 马伟、刘洋、杨潇、王立剑：《机关事业单位养老保险替代率问题探讨》，载《统计与决策》2017 年第 14 期。

　　[71] 毛毅、冯根福：《人口结构转变、家庭教育投资与中国经济增长》，载《西安交通大学学报（社会科学版）》2012 年第 4 期。

　　[72] 宁磊、郑春荣：《延迟退休会提高社会福利水平吗？》，载《财经研究》2016 年第 8 期。

　　[73] 庞杰、王光伟：《国有资本净收入对养老保险的最优划拨率——劳动力人口增长率变化情况下的研究》，载《经济与管理研究》2016 年第 2 期。

　　[74] 彭浩然、陈斌开：《鱼和熊掌能否兼得：养老金危机的代际冲突研究》，载《世界经济》2012 年第 2 期。

　　[75] 彭浩然、邱桓沛、朱传奇等：《养老保险缴费率、公共教育投资与养老金替代率》，载《世界经济》2018 年第 7 期。

　　[76] 邱伟华：《公共教育、社会保障与收入分布》，载《财经科学》2009 年第 10 期。

　　[77] 萨拉·科诺里等著：《公共部门经济学》，崔军等译，北京，中国财政经济出版社 2003 年版。

　　[78] 沈毅：《机关事业单位养老保险改革：现状、难点及其突破》，载《经济体制改革》2016 年第 3 期。

　　[79] 舒元、才国伟：《不同教育融资体制下的人力资本积累》，载《统计研究》2007 年第 9 期。

　　[80] 宋晓梧：《中国社会保障体制改革与发展报告》，北京：中国人民

大学出版社 2001 年版。

[81] 孙守纪、周赛：《金融危机背景下的公职人员养老金改革——以加拿大公共部门雇员养老金债务危机为例》，载《天津行政学院学报》2015 年第 3 期。

[82] 谭中和：《统筹建立企业和机关事业单位退休人员养老金正常调整机制》，载《当代经济管理》2014 年第 6 期。

[83] 滕玉成、余宪忠，《公共部门人力资源管理》，北京：中国人民大学出版社 2003 年版。

[84] 田存志、杨志刚：《养老金投资对经济增长的影响研究——一种新的理论视角》，载《财经研究》第 32 卷第 2 期。

[85] 万建忠：《机关事业单位人才派遣管理的现状、问题及对策》，载《中国人力资源开发》2009 年第 7 期。

[86] 王翠琴、王雅、薛惠元：《机关事业单位养老保险改革降低了"中人"的养老待遇吗？——基于 10 年过渡期后"中人"养老金替代率的测算》，载《保险研究》2017 年第 7 期。

[87] 王弟海、崔小勇、邹恒甫：《OLG 模型中的多重均衡和经济效率——兼论政府在经济中的作用》，载《金融研究》2017 年第 5 期。

[88] 王欢、黄健元：《公平视野下农民工养老保险的困境与出路》，载《西北人口》2018 年第 1 期。

[89] 王少国、潘恩阳：《人力资本积累、企业创新与中等收入陷阱》，载《中国人口·资源与环境》2017 年第 5 期。

[90] 王树、吕昭河：《"人口红利"与"储蓄之谜"——基于省级面板数据的实证分析》，载《人口与发展》2019 年第 2 期。

[91] 王天宇、邱牧远、杨澄宇：《延迟退休、就业与福利》，载《世界经济》2016 年第 8 期。

[92] 王晓芳、翟永会、闫海峰：《企业年金制度的经济效应——基于一般均衡模型的研究》，载《南开经济研究》2010 年第 5 期。

[93] 王晓军、乔杨：《我国企业与机关事业单位职工养老待遇差距分析》，载《统计研究》2007 年第 5 期。

［94］王晓军：《社会保障精算原理》，北京：中国人民大学出版社 2000 年版。

［95］王晓军：《中国养老保险制度及其精算评价》，北京：经济科学出版社 2000 年版。

［96］王询、孟望生：《人力资本投资与物质资本回报率关系研究——基于世代交叠模型的视角》，载《当代财经》2013 年第 7 期。

［97］王亚柯、李鹏：《降费综合方案下城镇职工养老保险的精算平衡和再分配研究》，载《管理世界》2021 年第 6 期。

［98］王亚柯、李羽翔：《机关事业单位养老保障水平测算与改革思路》，载《华中师范大学学报（人文社会科学版）》2016 年第 6 期。

［99］王云多：《老龄化对公共养老金、公共教育支出及经济增长的影响》，载《大连理工大学学报（社会科学版)》2019 年第 4 期。

［100］王云多：《人口老龄化背景下人力资本对福利的影响》，载《西安交通大学学报（社会科学版)》2013 年第 6 期。

［101］许鼎、敖小波：《机关事业单位基本养老保险制度财务可持续性研究——基于精算公平的视角》，载《经济问题》2016 年第 7 期。

［102］薛惠元、宋君：《机关事业单位养老保险改革降低了工作人员的养老待遇吗？——基于替代率水平的测算与分析》，载《经济体制改革》2015 年第 6 期。

［103］薛惠元、王雅：《机关事业单位养老保险隐性债务与转制成本测算》，载《保险研究》2020 年第 4 期。

［104］雅各布·明塞尔：《人力资本研究》，张风林译，北京：中国经济出版社 2001 年版。

［105］闫俊、杨燕绥：《公职人员养老权益状况个案分析》，载《社会保障研究》2015 年第 4 期。

［106］闫先东、廖为鼎：《公共资本投资、内生经济增长与合理政府债务规模》，载《经济理论与经济管理》2017 年第 8 期。

［107］闫先东、廖为鼎：《基础设施投资、财政支出分权与最优地方政府债务规模》，载《财政研究》2019 年第 2 期。

[108] 闫新生、朱云祥、白晰勤、袁彦东：《机关事业单位养老保险制度改革构想》，载《社会科学论坛》2006 年第 1 期。

[109] 严成樑：《延迟退休、内生出生率与经济增长》，载《经济研究》2016 年第 11 期。

[110] 杨翠迎、刘玉萍、王凯：《机关事业单位养老保险改革会带来新的养老鸿沟吗》，载《社会保障研究》2021 年第 3 期。

[111] 杨复卫：《机关事业单位养老保险改革的效果评估——以比例原则为分析视角》，载《政法论丛》2018 年第 6 期。

[112] 杨华磊、沈政、胡浩钰：《延迟退休挤占家庭生育水平吗?》，载《财经研究》2018 年第 10 期。

[113] 杨继军、张松林：《养老金改革、隐性负债与中国经济动态效率》，载《南京社会科学》2018 年第 10 期。

[114] 杨继军、张为付、张二震：《养老金体系改革对中国经济动态效率的影响》，载《经济学动态》2019 年第 5 期。

[115] 杨晓芸、张力：《对机关事业单位养老保险制度改革的思考》，载《生产力研究》2008 年第 9 期。

[116] 杨洋：《国外公务员养老金制度"由分立到统一"的改革》，载《社会保障研究》2021 年第 1 期。

[117] 杨再贵、陈肖华：《降费综合方案与机关事业单位养老保险财政支付压力预警》，载《经济社会体制比较》2020 年第 5 期。

[118] 杨再贵、许鼎：《机关事业单位统筹账户养老金的财政负担》，载《武汉大学学报（哲学社会科学版）》2017 年第 5 期。

[119] 杨再贵：《部分积累制公共年金、双向利他与内生增长》，载《南方经济》2006 年第 1 期。

[120] 于凌云、蒋玉石：《养老保险、人力资本的公共支出效应研究》，载《财贸经济》2008 年第 2 期。

[121] 于欣华：《机关事业单位工作人员工伤保障问题探讨》，载《理论导刊》2011 年第 10 期。

[122] 袁志刚、宋铮：《人口年龄结构、养老保险制度与最优储蓄率》

载《经济研究》2000 年第 11 期。

[123] 袁志刚：《中国养老保险体系选择的经济学分析》，载《经济研究》2001 年第 5 期。

[124] 翟绍果、苏丹：《机关事业单位人员退休意愿及其影响因素研究——基于我国 10 省市调查数据的实证分析》，载《西北大学学报（哲学社会科学版）》2017 年第 2 期。

[125] 詹海金：《改革完善机关事业单位养老保险制度的思考》，载《湖北经济学院学报（人文社会科学版）》2006 年第 5 期。

[126] 张芬、周浩、邹薇：《公共健康支出、私人健康投资与经济增长：一个完全预见情况下的 OLG 模型》，载《经济评论》2012 年第 6 期。

[127] 张庆伟：《中国养老保险改革的政策效应分析》，载《财经理论与实践》2016 年第 2 期。

[128] 张为民，崔艳红：《对中国 2000 年人口普查准确性的估计》，载《人口研究》2003 年 7 月。

[129] 张伟：《改革和完善机关事业单位养老保险制度探讨》，载《中州学刊》2004 年第 7 期。

[130] 张晓娣、石磊：《OLG 框架下的中国养老保险与公共债务可持续性研究》，载《南开经济研究》2014 年第 2 期。

[131] 张晓娣：《一般均衡框架下的养老保险与公共债务研究》，载《经济科学》2014 年第 3 期。

[132] 张燕、袁晓强：《人口老龄化影响技术密集型产品出口竞争优势吗？——"倒 U 型"假说的提出与实证检验》，载《商业研究》2019 年第 7 期。

[133] 张志远、张铭洪：《延迟退休的经济学效应——基于一般均衡模型的数值检验》，载《云南财经大学学报》2016 年第 2 期。

[134] 张祖平：《解决企业与机关事业单位离退休人员养老待遇差异的政策建议》，载《经济研究参考》2012 年第 60 期。

[135] 张祖平：《企业与机关事业单位离退休人员养老待遇差异研究》，载《经济学家》2012 年第 8 期。

[136] 张祖平:《企业职工养老保险对机关事业单位养老保险改革的影响研究》,载《江西财经大学学报》2014 年第 4 期。

[137] 赵斌:《人力资本积累与经济增长——基于投资流量效应与老龄化存量效应视角》,载《广东财经大学学报》2019 年第 1 期。

[138] 赵昕东、王昊、刘婷:《人口老龄化、养老保险与居民储蓄率》,载《中国软科学》2017 年第 8 期。

[139] 赵志刚,祖海芹:《从福利刚性看我国养老保险制度改革》,载《中国劳动》2005 年第 7 期。

[140] 郑婉仪,陈秉正:《企业年金对我国退休职工养老保险收入替代率影响的实证分析》,载《中国公共管理论坛》2003 年第 11 期。

[141] 郑伟、孙祁祥:《中国养老保险制度变迁的经济效应》,载《经济研究》2003 年第 10 期。

[142] 郑伟:《养老保险制度选择的经济福利比较分析》,载《经济科学》2002 年第 3 期。

[143] 中华人民共和国发展和改革委员会报告:《我国企业年金发展情况概述》,http://www.sdpc.gov.cn/jyysr/zhdt/t20061024_ 89530.htm。

[144] 朱青:《养老保险制度的经济分析与运作分析》,北京:中国人民大学出版社 2002 年版。

[145] Aaron. Henry J. "The Social Insurance Paradox", *Canadian Journal of Economics*, vol. 32, August, 1966, 371 – 374.

[146] Auerbach, Alan J. and Kotlikoff, Laurence J., *Dynamic Fiscal Policy*, Cambridge University Press, 1987.

[147] Barro. Robert, "Are Government Bonds Net Wealth?", *Journal of Political Economy*, vol. 82 (6), 1974, 1095 – 1117.

[148] Ben J. Heijdra, Frederick van der Ploeg—The Foundations of Modern Macroeconomics, Oxford University Press, USA, 2002.

[149] Civil service pension schemes, Sigma Paper, No. 10, 1997.

[150] Darby, Michael R. *The Effects of Social Security on Income and the Capital Stock*, Washington, D.C.: American Enterprise Institute, 1979.

［151］David Hess and Gregorio Impavido, "Governance of Public Pension Funds: Lessons from Corporate Governance and International Evidence", paper present at the Conference of Public Pension Fund Management, World bank, 2003, ［Online］. Available at http://webuser.bus.umich.edu/dwhess/Hess% 20&% 20Impavido% 202004% 20Governance% 20of% 20Public% 20Pension% 20Funds. pdf.

［152］Fanti, L. and Gori, L. "Increasing PAYG Pension Benefits and Reducing Contribution Rates", *Economics Letters*, 2010, 107 (2), 81 – 84.

［153］Feldstein. Martin, "Social Security, Induced Retirement and Aggregate Capital Formation", *Journal of Political Economy*, vol. 82, no. 5, 1974, 905 – 926.

［154］Gerhard Glomm, Juergen Jung et al. "Public Pensions and Capital Accumulation: the Case of Brazil", CESIFO working paper No. 1539, 2005.

［155］Glomm, G. and Kaganovich, M. "Distributional Effects of Public Education in an Economy with Public Pensions", *International Economic Review*, 2003, 44 (3), 917 – 937.

［156］Glomm, G. and Kaganovich, M. "Social Security, Public Education and the Growth-Inequality Relationship." European Economic Review, 2008, 52 (6), 1009 – 1034.

［157］Groezen, B. Etc. "Social Security and Endogenous Fertility: Pension and Child Allowances as Siamese Twins", Journal of Public Economics, Vol. 87, 2003, 233 – 251.

［158］Hines, J. R. and Taylor, T. "Shortfalls in the Long Run: Predictions about the Social Security Trust Fund." Journal of Economic Perspectives, 2005, 19 (2), 3 – 9.

［159］Kaganovich, M. and Zilcha, I. "Education, Social Security, and Growth." Journal of Public Economics, 1999, 71 (2), 289 – 309.

［160］Kaganovich, M. and Zilcha, I. "Pay-As-You-Go or Funded Social Security? A General Equilibrium Comparison." Journal of Economic Dynamics and

Control, 2012, 36 (4), 455 –467.

[161] Kato, R. , 2002, "Government Deficit, Public Investment, and Public Capital in the Transition to an Aging Japan", Journal of the Japanese and International Economies, Vol. 16, 462 –491.

[162] Kemnitz, A. and Wigger, B. U. "Growth and Social Security: The Role of Human Capital. " European Journal of Political Economy, 2000, 16 (4), 673 –683.

[163] Kotlikoff, L. J. and Spivak, A. "The Family as an Incomplete Annuities Market. " Journal of Political Economy, 1981, 89 (2), 372 –391.

[164] Leimer, Dean R. , and Selig D. Lesnoy, "Social Security and Private Saving: New Time Series Evidence", *Journal of Political Economy*, vol. 59, August, 1982, 311 –335.

[165] Lucas, R. E. "On the Mechanics of Economic Development. " Journal of Monetary Economics, 1988, 22 (1), 3 –42.

[166] M. Aglietta , J. Chateau et al. "Pension reforms in Europe: An investigation with a computable OLG world model", Economic Modelling, 2007, [Online]. Available at http://www. cepii. fr/anglaisgraph/workpap/pdf/2001/ wp01 –17. pdf.

[167] Oksanen, H. "Population Aging and Public Finance Targets. " Directorate General Economic and Financial Affairs (DG ECFIN), European Commission, 2003.

[168] Olivia S. Mitchell and Edwin C. Hustead, *Pensions in the Public Sector*, University of Pennsylvania Press, 2000.

[169] Olivier Jean Blanchard, Stanley Fischer, Lectures on Macroeconomics, The MIT Press, 1989.

[170] Ono, T. , "Social Security Policy with Public Debt in An Aging Economy", Journal of Population Economics, Vol. 16, 2003, 363 –387.

[171] Pogue, T. F. and Sgontz, L. G. "Social Security and Investment in Human Capital. " National Tax Journal, 1977, 30 (2), 157 –169.

[172] Poutvaara, P. "On the Political Economy of Social Security and Public Education." Journal of Population Economics, 2006, 19 (2), 345 – 365.

[173] Rangel, A. "Forward and Backward Intergenerational Goods: Why Is Social Security Good for the Environment?" The American Economic Review, 2003, 93 (3), 813 – 834.

[174] Restuccia, D. and Urrutia, C. "Intergenerational Persistence of Earnings: The Role of Early and College Education." The American Economic Review, 2004, 94 (5), 1354 – 1378.

[175] Robert. Palacios and Edward Whitehousex, "Civil-service Pension Schemes Around the World", SP Discussion Paper, NO. 0602, the World Bank, 2006, [Online]. Available at http://siteresources.worldbank.org/SOCIALPRO-TECTION/Resources/SP-Discussion-papers/Pensions-DP/0602.pdf.

[176] S. Blondal and S. Scarpetta, "The retirement decision in OECD countries", Economics Department Working paper, number 202, 1998.

[177] Sin, Y., China Pension Liabilities and Reform Options for Old Age Insurance. The World Bank, 2005.

[178] Sinn, H. "Why a Funded Pension System Is Needed and Why It Is not Needed." International Tax and Public Finance, 2000, 7 (4 – 5), 389 – 410.

[179] The INGENUE team, "Macroeconomic Consequences of Pension Reforms In Europe: An Investigation with the INGENUE World Model", CEPII paper, 2001, 17, Décembre.

[180] Vinicius Carvalho Pinheiro, "Pension fund for Government workers in OECD countries", OECD, 2005, [Online]. Available at http://www.oecd.org/dataoecd/63/56/35802785.pdf.

[181] Working Paper, NO. 33116.16. World Bank, Averting the Old-age crisis: Policies to Protect the Old and Promote Growth. New York: Oxford University Press, 2005.

[182] World Bank, Modernizing the Framework for Fiscal Policy and Public Debt Sustainability Analysis. Prepared by the Fiscal Affairs Department and the

Strategy, Policy, and Review Department, 2011.

[183] Yakita, A. , "Sustainability of Public Debt, Public Capital Formation, and Endogenous Growth in An Overlapping Generations Setting", Journal of Public Economics, Vol. 92, 2008, 897 – 914.

[184] Zhang, J. "Social Security and Endogenous Growth. " Journal of Public Economics, 1995, 58 (2), 185 – 213.

[185] Zhang, J. and Zhang, J. "Social Security, Intergenerational Transfers, and Endogenous Growth. " Canadian Journal of Economics, 1998, 31 (5), 1225 – 1241.